L'écho du silence

Serge Ollivier

L'écho du silence

Roman

ISBN : 979-10-422-2077-8

Vivre, c'est expérimenter de manière continue ce qui résulte d'une situation de rencontre.

Piera Aulagnier

Hélène regardait les enfants qui jouaient en toute confiance, sous la surveillance des mères, dans le parc où les fleurs de printemps redonnaient, comme chaque année, la vie à tout cet environnement accueillant. Elle pensait instantanément au destin, en général, à leurs destins, à son destin. Mais que pouvait-elle en dire exactement ? Peu, en si peu de temps. La surprise, l'étrangeté, l'inattendu formatent sa venue, sa sentence. À l'exemple de Janus et ses deux visages, le sort accorde une vision vers l'avant, une autre vers le passé. Elle repensait aux événements où cette puissance supérieure annonçait la lumière par la nouveauté, le changement, la chance, l'opportunité, à ceux où l'ombre marquait la sanction, la punition, le fatal, l'irréversible.

Étrangement, toutes ses pensées immédiates reposaient sur des flashs d'histoires, d'actions, de lieux de vie qui ne l'incitaient pas à la minute même à les dérouler comme des chapitres à retracer. Ces instantanés rappelaient des voix, des visages, des lieux, des accidents, des incidents, des gens aimés, des inconnus. Elle admettait l'impuissance humaine à tout contrôler, à se remémorer les milliers de choses survenues. Elle savourait les surprises des réminiscences. Sous l'effet de ses pensées zigzagantes, des sursauts internes, elle regardait avec tendresse et amusement les scènes de vie animées à quelques mètres d'elle. Elle observait leur insouciance, leur plaisir à partager ces instants de la récréation. Les corps en mouvement, les cris désordonnés annonçaient l'apprentissage du lien, le futur renouvellement des générations, la reproduction d'une utopie, la violence des affects.

Les bruits des allées et venues de ces petits corps dessinaient des poursuites groupales. Ils trompaient les errances solitaires. Ils gardaient les pleurs intérieurs. Ils clamaient haut et fort les exploits des montées suivies des descentes du petit et grand toboggan. Ils soulignaient les bousculades, volontaires ou malencontreuses, explosées de colères adressées à l'autre, prenant quiconque à témoin. Ils acclamaient les réussites des premières fois après les hésitations ou les insouciances des prises de risque. Ils marquaient les ambivalences du jeu, du poussé ou du retenu, d'un trait du sadisme ou de la provocation amicale. Ils annonçaient les attirances saluées par la main dans la main. Ils subissaient silencieusement les rejets marqués par les tirages de cheveux. Ils rappelaient les enjeux pulsionnels chez ces petits bouts en train. Tout se répétait depuis la nuit des temps. Elle n'oubliait pas ceux du monde des adultes. Une image de torrent, alternant calme et furie, selon le bon vouloir de la nature, l'amenait étrangement à penser à l'avenir de l'humanité, au devenir de ces chérubins. Son espoir balançait entre plusieurs visions chahutées entre le froid et le chaud du pessimisme et de l'optimisme. Le monde, était-il en train de vaciller ?

La vie, modelée par la contradiction des envies et des élans, s'affichait là, à quelques pas. Ce vivant répétait depuis des ères le mouvement des aiguilles de l'horloge de l'humanité. Cette animation, faite de cris improvisés par une meute de bambins, soutenue par des déplacements colorés de la palette des couleurs, offrait en quelque sorte le spectacle d'un feu d'artifice enchanté par l'improvisation de la bande-son. Toute cette clameur se déchargeait sous le regard de ces jeunes femmes, allures modernes pour certaines, manières conservatrices pour d'autres, styles rebelles chez quelques-unes. La fierté du maternel se fissurait aux moindres stress engendrés par les chutes, les pleurs, les heurts. Elle n'avait jamais éprouvé ces frissons, parfois exagérés, liés au statut de maman. L'expérience de la maternité ne figurait pas sur la liste de ses regrets. Aurait-elle eu cette patience de mettre une part de sa vie au service des grossesses, de l'éducation, des peurs des lendemains, de l'idéal des réussites ? Elle ne savait pas. Elle ne se sentait plus concernée.

Elle se souvenait. Enfant unique, heureuse, même sans père, elle vécut avec Alicia les vingt premières années de sa jeunesse. Sa mère, employée de bureau, fit toute sa carrière dans une banque. Elles habitaient un appartement dans un HLM ; huit étages, sans oublier un ascenseur digne d'une promotion sociale. L'architecture excluait le balcon pour humer les premières traces de la pollution. Le parc pour s'époumoner au grand air, sautiller comme des jeunes animaux sauvages, se trouvait à quelques kilomètres, de l'autre côté de la cité.

Ses deux meilleures amies, Roselyne et Anne, vivaient à l'étage du dessous. Les intérieurs se confondaient comme des imitations involontaires. Les tables et les chaises présentaient la richesse du formica. Une même superficie, encombrée de mobiliers de style dépareillé, valorisait une cuisine qui dégageait des odeurs similaires. Les crucifix, les causes partagées sans la pratique, s'affichaient dans les mêmes angles, sans oublier les brins de lauriers au-dessus des têtes de lit rappelant la bénédiction de l'année en cours.

Elles se nommaient sœurs de cœur. Leurs tenues vestimentaires affichaient le milieu social de la classe moyenne. Elles construisaient leur destinée en argumentant des ambitions rapprochées. Elles soulevaient les mêmes préoccupations du quotidien sans la crainte de l'avenir. Elles s'accoutumaient à vivre la simplicité du lien. Elle la mettait au service de la politesse. Un va-et-vient entre les deux appartements, des pauses dans les escaliers occupaient les temps de la convivialité, des encas, des devoirs partagés, des amusements de petite fille, et plus tard des parlottes d'adolescente. La tranquillité acoquinée à l'obéissance, le non-questionnement du monde, l'ignorance des enjeux planétaires marquèrent les années qui passèrent très vite. Trop vite. L'innocence, le charme du tout suggéraient que chaque pas dans la vie annonçait de nouvelles perspectives. Les emplois du temps ne supposaient pas la démesure des passions.

Le plus souvent, elle choisissait l'autonomie de son espace personnel. Au début de sa quarantaine, Antoine entra dans sa vie. Son long célibat ne lui sembla pas trop pesant bien que certaines soirées passées devant la télé semblaient interminables. Elle adorait l'être solitaire qu'elle manifestait aux moments des recueillements. Elle voyageait dans le monde des ailleurs, allongée sur le sable d'une plage où le bruit des vagues la berçait jusqu'à l'endormissement. Les promenades en forêt, en vacances à la campagne, chez les grands-parents vieillissants, éblouies de l'inattendu, faisaient oublier le train-train quotidien. Assisse, les jambes en croix, la lecture la happait pour rêver les envolées des mots. La découverte d'une exposition l'incitait à apprendre et apprécier l'art. De temps en temps, elle retrouvait ses deux amies pour partager des projets de voyage, pour rire simplement des instants de la camaraderie. L'amitié demeurait centrale dans ses relations affectives. Avec Antoine, ils vivaient le monde comme des particules libres reliées aux brouhahas du quotidien.

Plus loin, la continuité de l'agitation s'accordait à la réalité du jour ensoleillé. Une ménagerie abritait des canards, des oies, autres animaux à la vue des promeneurs, des bambins, des solitaires, des désorientés. Les cancans, les criaillements concurrençaient les vocalises, les symphonies des oiseaux. Elle pensait aux serins, aux perruches, à tous ces autres oiseaux, elle ne connaissait pas les noms, cloîtrés dans la petite volière vue sur sa gauche. Ils paraissaient libres par la répétition de leurs hymnes sans oublier la spontanéité de leur langage. Emprisonnement et liberté, ces deux mots vibraient à cet instant où l'harmonie et la dysharmonie proposaient les gammes musicales d'un orchestre bigarré.

La mort, inattendue et sournoise, se collait instantanément à ses souvenirs. La vue de la génération à laquelle elle n'appartenait pas encore, déambulant le corps serré, les pas mesurés dans les allées de la répétition de la douleur, indiquait son présent. Elle prévoyait également un avenir qui se rétrécissait inévitablement. Elle pensa au chant du cygne, repris par les auteurs, les poètes, annonciateur des fins de vie ou des dernières paroles, à la perte dans cette lutte sur l'inéluctable, au dernier témoignage d'Antoine, plus particulièrement à ce dernier au revoir juste avant de franchir la porte, annonçant *à tout à l'heure*. La fin des mots d'Antoine se résumait à une invitation à plus tard.

La pensée de Montaigne : *La mort n'est pas le but de la vie, mais le bout de la vie* traversa son esprit. Elle la relativisait, pensant aux clins d'œil de l'âme voyageuse d'Antoine. Les trajets de vie des êtres humains, notés de traces aux pointillés visibles ou invisibles, sont singuliers. Heureusement ! pensa-t-elle. La chance, la malchance apparaissaient-elles de connivence avec le hasard ? Une question qu'elle se posait subrepticement à la vue de ce petit garçon. Il se relevait d'une chute, pleurant et observant le trop d'une petite égratignure. La tristesse ne l'envahissait pas. La journée était éclairée par un ciel dégagé. La température incitait à la mobilité, au changement, au renouveau.

Elle se présentait seule, assisse sur ce banc, en proximité d'un bouquet de châtaigniers adossés pour certains à des marronniers, pour d'autres à des chênes. Cet enclos rappelait un champ transformé en jardin tout fou, aménagé en toute permission dans sa forme et son style. Il autorisait la gratuité de le traverser sans la crainte d'aplatir ou de déterrer la pelouse. Les conditions d'une amende du garde champêtre ne complétaient aucun article du règlement intérieur. Quelques mauvaises herbes prouvaient que ce lieu n'était pas l'œuvre d'un grand jardinier comme André Le Nôtre. La vision spatiale se limitait aux arbustes implantés autour de ce périmètre. La simplicité de son organisation certifiait l'idée d'un espace intime, chaleureux, bienveillant. Les différents coloris des fleurs et des plantes valorisaient cette saison.

Elle se voyait tout de même quelque peu vieillie, plus lente dans ses déplacements. Elle sollicitait le temps de vie. Elle supposait un indéfini à la vue d'un bleu clair flamboyant. Ce plafond accentuait l'espace infini de son regard. Que restera-t-il d'elle après ce passage terrestre ? Et, cette terre, en transformation permanente par les Hommes, pour le bien comme pour le pire, que deviendra-t-elle ?

Sauf l'hiver, saison de la perte des feuillages pour certains, ces arbres offraient, sans l'attente d'un retour, ce coin d'ombre rafraîchissant qu'ils chérissaient ces dernières années, surtout le dimanche, seul jour où ils ne travaillaient pas. Devenus des habitués de ce lieu, comme de bons locataires des petits mètres carrés proposés, pas très loin d'un vieux manège qui tournait, comme dans l'ancien temps, dans le sens inverse de la trotteuse d'une montre, ils demeuraient à l'affût de la disponibilité de ce siège en bois strié, dépeint par les ans. Il le voulait difficilement partageable. Ils s'assuraient d'être les premiers profiteurs, assis à ce rendez-vous hebdomadaire, en dehors des temps froids ou pluvieux.

Chacun apportait un livre ou une revue pour satisfaire le plaisir de l'évasion. Ils s'oubliaient à la découverte des textes courts ou des romances annoncées. Les phrases lues, dans le silence, par ces deux retirés, se baladaient incognito dans cet espace propice aux moments du repos, de la détente, de la rêverie. La pause permettait l'échange littéraire considéré comme leur jeu à eux. Ils voulaient croire en l'éternité des idées. Ils n'étaient pas dupes du jour fatal de l'un ou de l'autre. Antoine avait malgré tout la fâcheuse habitude de palabrer à la moindre évocation d'un auteur.

Elle ne croyait pas avoir été soumise au choix dans la vie, entre solitude et vulgarité, comme le suggérait un certain philosophe. Ces arbres qu'elle regardait comme une amoureuse isolée, quand allaient-ils mourir ou se retrouver déracinés par des vents violents ?

Antoine l'avait quittée brutalement. Un an déjà. Elle ne choisissait pas la solitude. Elle la subissait dorénavant, tout en ressentant ce brin de liberté, à être soi-même, dans ses gestes et décisions, dès le lever du jour. Elle ressentait poindre une énergie qui l'incitait à voler de ses propres ailes, plus exactement, à expérimenter ce qu'elle n'avait jamais osé écrire depuis longtemps dans son agenda. C'était nouveau. Elle avait soixante-quatre ans. Elle souhaitait s'inscrire dans une chorale et pourquoi ne pas voyager !

Que voulait dire faire son deuil ? Et si c'était le deuil qui nous oblige à être ! Rolland Barthes signifiait dans sa réflexion que la langue contraint à dire. Chacun échoue toujours à parler de lui-même. Le couple, imposerait-il une perte de son être profond ? Cette question la gênait quelque part. Elle avait aimé Antoine. Elle l'aimait encore. Elle ne supposait pas une grande frustration ou un grand manque à son affranchissement. Pour autant, elle s'était confrontée à des petits talus à franchir. Elle percevait l'ubac et l'adret des risques possibles. Elle resta le plus souvent à la lisière, excepté deux ou trois fois où elle sollicita la peur d'être reconnue et jugée. Elle questionnait le désir, son désir d'hier, son désir d'aujourd'hui, son vouloir-vivre.

Elle soupesait ce texte d'une centaine de pages. Le considérait-elle comme un début de manuscrit ? Peut-être ! Elle pensait à l'écriture d'un malaise. À chaque fois, la rêverie nostalgique, sans le flux de la mélancolie, déclenchait l'envie de le relire comme pour fixer un bonjour, un bonsoir, une bonne nuit à son disparu. Le feuilletage des hier occupait le passe-temps. Ces copies de papier, écrites à la main, par Antoine, certaines maculées par endroits de taches séchées, d'autres écornées à force de les triturer dans tous les sens, décrivaient un doute malheureux sur la transmission des auteurs familiaux. Ses proches, censés participer à la construction de la vie de l'enfant, devenu cet homme, avaient peut-être échoué. Cette rédaction témoignait d'une implosion psychique à un moment particulier et tardif.

Là, elle s'accordait le temps de la dernière fois. Elle interrogeait la trame littéraire prise par Antoine. Était-ce une forme d'autobiographie, ou au contraire déroulait-il une liste de confidences ? Peu importe, se disait-elle ! Allait-elle les conserver sous cette forme volante ? Pourquoi ne pas les relier pour en sortir un fascicule ? Elle n'ignorait pas le rappel émotionnel provoqué par la vue d'une photo d'un être cher. Un regard s'amuse, par inadvertance, de quelques anecdotes de vie. Il soulève quelques situations de partage. Il défile quelques minutes de complicité. À d'autres moments, pris par les allées et venues dans la pièce, il ignore les amertumes.

Là, cet écrit risquait de demeurer au fond d'un tiroir, à l'exemple d'une relique délaissée. Un bouquin, avec une belle couverture, pour elle seule, mis en avant sur une étagère, figurerait au contraire comme un hommage à son alter ego. Il prolongerait un engagement différent d'un amour. Il rappellerait plutôt une amitié amoureuse. Elle ne sentait pas prête à répondre à ces questionnements. Inscrire un tel projet dans un ordre du jour paraissait décalé, voire plus éloigné de son projet de vie en cours. Elle portait une attention familière, mêlée de respect, aux pensées formulées par Antoine. Elle parcourait une plume personnelle, intime. Elle la supposait réparatrice des incompréhensions d'Antoine. Ses croyances semblaient exagérées. À la découverte des mystères de ses parents, il chuta sans la garantie d'un filet de protection. Elle le comprenait de cette manière.

Quel regret ! Antoine vivait un malaise profond. Cette situation avait totalement échappé à sa surveillance amicale. Pourquoi n'avait-il pas témoigné sa stupéfaction à l'issue du passage de Lola ? Et cette chute ! Malencontreux accident, acte délibéré pour en finir, prise de risque inconsciente, elle restait attachée au témoignage du conducteur. Il certifiait qu'Antoine ne pouvait pas ne pas l'avoir vu arriver sur sa droite.

Elle doutait encore de la décision de l'une des trois Parques signant la fin des fins. L'angoissé du lendemain s'oublia, volontairement ou involontairement, en traversant la rue. Son visage tourna à la dernière seconde vers la voiture qui arrivait dans son bon droit. La chute, après cette fulgurante envolée, fut mortelle. Sa tête heurta violemment la bordure du trottoir. L'instant se déclara fatal, au point de signer le dernier instant de son vivant. Les traces de sang, restées quelque temps sur le bitume, marquèrent le constat de son dernier souffle. Le clap de fin autorisait l'accès à un autre monde inconnu.

Ses yeux commencèrent à redécouvrir les premières lignes du document tenu fermement dans sa main droite. Un malin coup de vent pouvait provoquer l'envol de ces pages. Elle ne devait ni les laisser divaguer dans les airs ni se cacher sous des branchages. Elle aimait la calligraphie des mots associés les uns aux autres. Elle commençait une nouvelle lecture. Combien de fois l'avait-elle lu ? Une feuille de l'un des arbres tomba sur le sol, tout près d'elle. Le signe d'un ailleurs. Elle ne chutait pas pour annoncer le renouvellement des saisons. Elle était tout simplement plus fragile que les autres.

Je m'appelle Antoine. Au début de l'été dernier, pendant quelques jours, je fus interné en urgence, à la clinique du Soleil.

Quelques mois avant mon hospitalisation, une jeune femme venue de l'Andalousie, se prénommant Lola, presque vingt ans plus jeune que moi, arriva incognito devant la librairie. Je sortais pour aller boire un café. Mon louchement, détail donné par sa mère pour me reconnaître, l'incita à m'interpeller. Elle s'annonça comme la fille d'Edith ; une ancienne amie de ma mère. Au fur et à mesure de la conversation, plus exactement du monologue, un temps révolu resurgit au point de faire les liens sur mon enfance. Tout redevenait une actualité surprenante à mon âge avançant.

Ce contact contraria un équilibre construit depuis quelques années. Ses confidences engendrèrent un effet papillon qui me sidéra au point de déclencher, presque instantanément, une colère froide. Elle ne s'aperçut pas de l'uppercut qu'elle m'adressait de manière naïve. Sous l'effet du saisissement, je l'écoutais sans réagir. J'acceptais ses propos comme une évidence à ne pas contrarier, à ne pas contredire. Elle les prononça avec une assurance proche de la jubilation. Elle certifiait des vérités dérangeantes, difficiles pour moi à accepter, à intégrer. Je répondis machinalement à ses questions les plus urgentes. Je compris très vite que son passage s'inscrivait dans un programme de voyage de courte durée accompagné d'une curiosité. Elle cherchait davantage à entendre un essentiel à sa compréhension d'une époque qu'un développement narratif trop long. Je réussis à lui formuler que le relent de ce passé était étroit et court compte tenu de la surprise.

Malheureusement, cette rogne resta certainement trop contenue pendant quelques semaines. Je la ruminai sans en confier les causes à

Hélène, mon épouse. Cette rage solitaire, silencieuse, ravageuse m'amena à monter un scénario d'usurpateur. Les vérités de Lola pénétrèrent dans mon esprit au point de se transformer en une idée fixe : mon monde familial m'apparaissait comme une fausseté. Étrangement, comme pour chasser ces débordements, me punir plus probablement, je pris la décision, jugée insensée par la suite, de rechercher un éditeur afin de publier, comme si j'en avais été l'auteur, sous le pseudo de Léo Vivaldi, un manuscrit, retrouvé sur une étagère. Je supposais qu'il avait été écrit par quelqu'un de très proche.

J'hésitais entre mon père, auteur reconnu par son public, sauf par moi qui doutais de sa sincérité d'écrivain, et ma mère, auteure inconnue à qui j'accordais tout ce talent. Je me laissais aller aussitôt à l'emprise des passions irrationnelles. Il me fallait croire à une gloire qui me dédommagerait des errements de ma famille. Je ne ressentais pas du tout la vanité de la renommée. Bien évidemment, je trahissais la personne qui partage ma vie, le professionnel de l'édition qui avait porté un intérêt à ce manuscrit, les éventuels futurs lecteurs du livre. Cette tromperie devint insupportable au point de déclencher un effondrement.

Aujourd'hui, cette écriture témoigne du parcours de ce bouleversement émotionnel. Mais à qui est-elle adressée ? Aux morts les plus chers ! Aux haïs à retardement ! Aux autres connus et inconnus ! À moi pour dire, ce que je crois être ma vérité ! Pour me déculpabiliser de mes réactions infantiles ! Pour me venger de cet homme, de ce non-père considéré, depuis toujours, comme un père ! Pour m'éloigner de ma mère ! A Hélène pour lui témoigner mon affection, présenter mes excuses !

Les illusions de la vie avaient trop souvent contrarié ma confiance aveugle, mon incrédulité, mes certitudes.

Montaigne avait écrit : « Toute écriture est une extase que le temps prolonge au-delà de la mort possible, dès lors que cette possibilité a été éprouvée comme toute proche ».

J'éprouve probablement le besoin d'être écouté, d'être compris, de laisser une trace comme une urgence à ma survie, une dernière respiration avant ma mort.

Elle repensa à l'étrangeté de ces dernières lignes. La reprise de cette citation supposait-elle une prémonition ? Elle se rappela, à la relecture de ces premières pages, leurs échanges sur l'auteur et l'écriture. Écrivain, témoin, porte-parole, auteur, essayiste, romancier, critique, ils en débattaient encore la veille de son départ, tout comme sur les critères qui permettent de dire ce livre est un roman, un récit, une autobiographie, une écriture de soi. Elle présuma que son chemin de vie et l'écriture se rejoignaient à un moment délicat de son existence. Marc interrogeait un parcours sinueux et incertain. Il sillonnait entre doute et certitude, peur et désir, exclusion et reconnaissance, tendresse et indifférence.

L'enjeu narcissique, le manque d'humilité ne figuraient pas dans ce noté. Antoine prenait plus le risque du dévoilement, de la mise à nu, du « Qui suis-je ? ». Il restait avant tout un être humain, soumis aux émotions, contraint d'enrichir son témoignage d'un propos intellectuel. Il inscrivait sa pensée dans un mouvement fait de tension et angoisse, d'imagination et vide, de contrainte et liberté.

Elle acceptait, de plus en plus, d'être privée de ses repères habituels. Elle se déplaçait au mieux dans un éloigné comme une lectrice le vivrait à la découverte d'une œuvre littéraire. Elle prenait du recul.

Aux dires du personnel, de bonne heure le lundi, je dormis plus de vingt-quatre heures d'affilée. Au réveil, mes premières impressions furent si floues qu'il fut délicat d'appréhender le lieu, la date du jour, le mois, l'année. Une saveur amère justifiait la sensation désagréable de la langue pâteuse. Machinalement, je tâtai la couche comme pour rechercher un élément qui me ramènerait à une certaine lucidité de mon vivant. Au toucher, le drap blanc, qualité moindre du tissage, odeur de lavage industriel, m'éloignait de la couette du lit conjugal ; plus soyeuse, plus dense, plus fleurie. Afin d'éclaircir l'inédite situation, je balayai l'espace de haut en bas, de droite à gauche, inversement. Un léger vertige mit fin à l'articulation de la tête lourde. Ni à l'hôtel ni à la maison, je redécouvrais un lieu connu, lointain dans le souvenir. Les murs affichaient une couleur neutre rappelant l'hospitalité d'un centre médical. En quelque sorte, ils étaient privés d'un décor dont le détail ou une nuance griserait le regardant égaré, c'est à dire moi.

Seul dans cet espace, la chaleur de la pièce proposait un confort séducteur susceptible d'annoncer une tromperie pour inviter l'accueilli à y rester enfermé. Ces minutes de la reconnaissance spatiale, je les traversai comme un agité envoûté par le supposé diable, un terme que je réfute par ailleurs. Je me présente, à qui veux bien l'entendre, comme une personne athée. Qu'en sais-je exactement ? Je reconnais mon imprévisible impudence vis-à-vis de certaines personnes. Comme le proposait Flaubert : « l'âge aidant, je tente de m'en prendre à mes idées reçues ». Je ne rejette nullement la littérature d'inspiration religieuse du Moyen Âge. Elle fut à l'origine d'un type de théâtre dont les représentations montraient des illustrations des textes liturgiques forts intéressants à découvrir. Étrangement, je reconnais l'ecclésiaste qui dans sa recherche se nourrit du doute, réfutant la vérité absolue, considérant que Dieu est accessible dans le réel sans chercher à questionner son existence, sans abolir le mystère, éprouvant la gratitude de ce qui est.

Un scepticisme plus profond me chagrinait depuis quelques mois. Le rythme de l'actualité houleuse des directs télévisuels en lien avec une épidémie et bien d'autres marqueurs de la société m'entraînait à prendre des décisions d'abandon des causes. Je ressentais une lassitude marquée par l'intensité des échanges non contradictoires, sans le débattre dont le sens à l'origine était d'éviter de se battre. La provocation du mot croire dans l'espace de la laïcité me titillait au point de perdre mon calme. Le questionnement sur le devenir civilisationnel me semblait une continuité intellectuelle de tous les temps actant les apports et les fins des civilisations. L'absence de propositions valorisant la spiritualité contrariait ma sensibilité. Ces ambiances perturbaient mes réflexions acquises au long cours par le travail de la pensée, mis en mouvement depuis des décennies. Il m'était difficile de nuancer entre ma prétention, mon manque d'humilité, et ma croyance dans ce terreau de la connaissance. Son humus enrichit la quête du plaisir à exister, la recherche de l'autonomie individuelle, l'éloignement émotionnel du court terme.

Loin d'une nostalgie d'une vie consacrée aux livres, je vieillis tout bonnement. Ce cheminement du temps me conduit à penser à deux écrivains. Michelet parlait de la vieillesse comme un long supplice à vivre. Heureusement, je ne la ressens pas encore ainsi malgré les maux du corps qui vont dans ce sens. Elle est une migratrice sans retour, attirée malgré elle par les épreuves du fin fond et de l'étrange. Chateaubriand la qualifiait d'affreuse, la liait à l'idée de la dernière œuvre, soulignant l'admirable tremblement du temps, visible chez Nicolas Poussin, vivant ses dernières années à Rome. Son propos s'appuyait sur les quatre tableaux – Les quatre saisons –. Ainsi figurait un aboutissement d'un art techniquement maîtrisé, seulement les symptômes de l'âge et de la maladie caractérisaient l'imperfection de la touche. Malheureusement, je ne peux pas prétendre à être un créateur accaparé par une vie artistique dont la vieillesse raidit l'âme comme le corps.

Malgré toutes les supercheries pour rester jeunes, l'inéluctable des transitions générationnelles s'accorde à inscrire toute personne d'un certain âge comme le vieux de l'autre. Dorénavant, je suis le dépassé de quelqu'un, ne m'en déplaise. Le temps, les transformations du corps, les évolutions technologiques, l'évolution des mentalités, les nouveaux horizons de la pensée : je ne suis pas en mesure de m'en affranchir. Par contre, le vécu de mémoire s'apparente à des irruptions d'un discontinu où la jeunesse est éternité, plus forte que l'amour qui rappelle trop l'incertitude d'Éros et sa collusion avec Thanatos. Le mien me surprend. Il déjoue l'abstrait de ma propre mort.

Toutefois, la réminiscence d'un point de vue sur mon père se conjugua avec la réception d'une information déstabilisante à un moment avancé de ma vie. La surprise, l'ébahissement, l'imprévu, l'insupportable présentèrent des facteurs de stress qui aboutirent à ces réactions étonnantes.

Lola, innocemment, vint piquer au vif le destin. Elle paraissait candide, pleine d'espoir, débitant un flux de paroles où la distance humaine, l'attention à l'autre, la prudence des énoncés n'existaient pas. Elle recherchait ses origines sans penser un seul instant à mon propre questionnement. Je ne pouvais pas lui en vouloir sauf de lui accorder une critique sur son dévolu égoïste, sur son attente trop autocentrée. La dernière lueur de ma raison commença à m'échapper. Je tombai dans un abattement profond.

Lola, elle ne la rencontra pas. Antoine et cette jeune femme s'étaient entretenus dans un hors lieu, gardant à l'esprit la confidence, à l'exemple de deux amants qui se retrouveraient dans la clandestinité. Cette supposition la ramena à ses rencontres avec Benjamin. Lui, trente ans, marié. Elle, dix-huit ans.

Elle débutait ses études universitaires. Ils se connurent de manière incongrue. La journée s'annonçait légère. La température printanière suggérait le changement de la garde-robe. Elle marchait de manière nonchalante dans la rue, sans un projet défini, ouverte à la surprise. Son foulard en soie, acheté quelques minutes auparavant, accroché à son sac à main, tomba par terre. Cet homme, se trouvant quelques mètres derrière elle, la héla pour lui remettre ce bout de tissu vrillant quelques secondes dans l'air. Ce carré proposait une danse ensorcelante avant de se poser délicatement sur le sol. Le début de leur idylle démarra sous l'effet de ce détail provocateur. Ils discutèrent sur le trottoir, a priori de tout et de rien. L'ambiance du dehors chantait le changement de saisons. Les premiers sourires agirent immédiatement sur l'olfaction de leur parfum préféré. Ils s'invitèrent mutuellement à prolonger leur échange à la terrasse d'un café. Il faisait beau. Un vent très léger aérait les pensées indésirables. Ils s'aimèrent presqu'instantanément comme deux adolescents innocents bouleversent avec fugue leur quotidien. Il fut son initiateur pour qu'elle se vive en qualité de femme. Que ferions-nous sans les souvenirs, pensa-t-elle à cet instant ?

Pendant deux ans, ils voyagèrent amoureusement au sein des espaces de l'insolite, du caché, du plaisir immédiat. Personne à qui rendre compte. Personne à interférer sur le plan moral. Personne à attendre des engagements réciproques. À cette époque, elle ressentait sa liberté à découvrir, à expérimenter, à vivre le temps présent. Elle souriait de sa coquine désobéissance qui la sortait d'une vie banale, d'une ambiance conservatrice, de la contrainte d'un avenir. Ils s'amusaient à découvrir les différentes étoiles des hôtels, passant du bouiboui au luxe, inversement. Ils s'accordaient des pauses repas où la gastronomie arrosée envenimait leurs libidos. Ils découvraient les rues, les ruelles, les parcs, les parkings, les musées. Quelle belle époque ! Quelle belle expérience ! Un enchantement de jeunesse s'exprima instantanément.

Malheureusement ou heureusement, la fin de l'aventure fut entérinée par un élément extérieur à leur volonté. Des décisions professionnelles annoncèrent la censure du lien, de l'idylle, des excès. Benjamin dut partir avec sa famille aux États-Unis pour une durée indéterminée. Ils partageaient un chemin de vie à l'exemple d'une chaleureuse parenthèse.

Les années passant, ils s'oublièrent jusqu'à ce mardi, pas si lointain, où il lui rendit visite à la librairie, presque incognito comme Lola, uniquement pour la saluer, tout simplement. Une raison qu'il indiqua, non sans le bruit d'un contrariant raclement de gorge. Onze heures, heure affichée, Antoine honorait son rendez-vous habituel chez son psychiatre psychothérapeute. Quelle étrange coïncidence !

Elle pensait. Beaucoup font ou feront ce type de retour aux sources, comme si l'inavoué, l'attachement, le nostalgique, l'incertitude de la bonne ou mauvaise décision résistaient subtilement, à l'exemple d'un fil d'une toile d'araignée, à l'effacement, à l'oubli, à la disparition totale. Autrefois, lointain et proche, les expériences de l'étrange, les effets de l'inattendu, l'adrénaline de la prise de risque nourrissaient leurs rendez-vous clandestins. Ce jour-là, ils reconnectaient, sans se le dire ou se l'avouer franchement, avec un passé qui demeurait pour elle, un de ses plus beaux souvenirs de jeune bien-aimée. Elle découvrit les sensations corporelles. Elle expérimenta les extases prometteuses. Elle apprécia le respect d'un homme non disponible. Elle rencontra l'idée d'un amour libre. Plus exactement, elle osait affirmer qu'aimer et être aimé, deux réciprocités indispensables, connectaient avec la félicité suprême.

Benjamin, quel était son avis ? Elle ne le saura jamais. Ce mardi, même si émerveillés par l'étonnement de se reconnaître, malgré les rides de l'âge, les travestissements du temps, chez l'un comme chez l'autre, la brièveté du face à face n'autorisa ni le prolongement des éblouissements de l'accompli ni l'idée d'un retour vibratoire. Les échanges de la civilité l'emportèrent sur l'histoire des anciens sentiments éprouvés. L'intention de la revoir confirmait la preuve d'une aventure marquante pour lui, comme pour elle. Sans exprimer le bon vieux temps, elle l'accueillit avec le souvenir d'une folie douce et passagère. Elle subit une légère fébrilité à l'instant des yeux dans les yeux. Dès le rappel de l'un et de l'autre établi, le foulard en soie, toujours présent dans l'une de ses commodes, s'invita insidieusement, comme un doudou d'amoureux. Un film se déroula en version originale, en accéléré, sans happy end. Le scénario proposait une confusion enthousiaste pendant quelques secondes. Ce saut impromptu, en lien avec un déplacement de très courte durée comme celui de Lola, réactivait l'hier comme un aujourd'hui sans lendemain.

Antoine ignora cette entrevue. Pourquoi le dire ? Elle ne mentait pas.

Premièrement, elle tenait au jardin secret d'une aventure saluant la fin de son adolescence. À dix-huit ans, elle ne souhaitait pas ouvrir trop vite la porte des engagements. Secondement, cette furtive venue, jour des enfants se déguisant pour fêter le Mardi gras, rappelait un emportement sans la nécessité de le réactiver, de le justifier. Faut-il tout confier à l'autre ? Une question existentielle qu'elle se posait, tout en réfléchissant cette fois-ci à Jacques ?

Mais là, pourquoi Antoine avait-il tu cette intenable nouvelle ? Elle appréciait différemment l'enjeu de la vérité. La confiance cédait face à une position où le mutisme entraînait Antoine à la rumination, à la décompensation. Expliquer son attitude le contraignait encore plus à l'isolement. Le choc émotionnel l'empêchait de penser un seul instant à une prise en charge par un professionnel. La confidence de Lola réactualisa trop brutalement ses incertitudes. Une confession à sa chère protectrice aurait-elle évité le fallacieux de la publication, le débordement mental, sa mort ? Elle éloignait au mieux toutes les hypothèses du si.

Qui décide de ces choix, se demandait-elle ? Les regardant à nouveau, elle projetait sur ces petits garçons, ces petites filles, les mensonges, les secrets, les oublis, les erreurs, les blessures, les amours, les tromperies à venir au fil de leurs expériences, choisies ou non.

Cette réalité d'un nouveau monde, vingt et unième siècle en transformation, me rend, selon l'humeur du jour, pessimiste, sombre, mais pas sans espoir. J'accorde une confiance à la créativité humaine. Pour autant, j'hésite sur le choix d'une tribu à qui me rattacher pour croire en l'avenir ou paradoxalement m'ancrer dans un connu en évolution. Les formes d'écritures des siècles passés ont nourri mon mémento intellectuel. Les repères littéraires proposent également des ruptures qui charment quiconque en recherche de la complexité, de la diversité, loin d'une vue binaire. J'accorde un regard plus nourri à ceux du dix-neuvième et vingtième siècle, de Chateaubriand avec le romantisme naissant au nouveau roman avec Marguerite Duras, sans oublier les contemporains français et étrangers.

L'enjeu de la déconstruction mène selon moi à une manière d'écrire un autre texte, en interrogeant par un travail rigoureux la doxa, sans le tout démolir. De tous les temps, la langue a évolué en s'enrichissant des autres cultures, toutefois, il faut résister à tout effacement ou simplification à l'œuvre. Mais, plus important que mon âge, la déconstruction, la langue en perdition, la sortie du livre s'était traduite par un désagrément psychique et physique.

Au-delà de l'ensemble de ces considérations bien personnelles, je feignais d'ignorer d'autres situations déstabilisantes qui irriguaient une instabilité latente depuis des années sans que celle-ci explose. Presque deux ans. Déjà ! Au surgissement de cet événement touchant la réalité de la filiation, le stress m'envahissait du lever du jour jusqu'à une heure tardive. La moindre contrariété irritait au point de m'exprimer de manière colérique, ce qui troublait et inquiétait Hélène. Les jours et les nuits se remplissaient du regret d'un temps passé, aussi lointain que proche. Une honte me rongeait à la moindre rencontre, surtout celle qui honorait ladite belle écriture qui n'était pas la mienne. Petit à petit, je perdais du poids. Je perdais l'appétit.

Flaubert n'hésitait pas à dire que l'œuvre faite lui devenait indifférente, et s'il la montrait au public, c'était par bêtise. Moi, plus que la bêtise, n'ayant pas le talent de cet auteur, par lâcheté suicidaire ou désabusé par les confessions de Lola, je me mis dans la situation de devoir affronter un possible déshonneur.

Elle le vit se décomposer au jour le jour ; yeux creusés, regards sauvages, comportements insensés, remarques bizarres, il s'enfermait de plus en plus dans sa tour d'ivoire. Loin de supposer un tel passage à l'acte, elle privilégiait l'inquiétude ressentie à la lecture des dernières analyses de sang. À sa connaissance, Antoine se confrontait à des peurs liées à des questionnements prostatiques. L'idée d'apprendre un cancer le tétanisait à chaque rencontre médicale. Sans être dans l'urgence, une scintigraphie était à programmer dans les mois à venir, et ce, en fonction de l'évolution et de l'appréciation du taux de référence. Cette incertitude médicale paraissait la cause des changements d'humeurs. À chaque tentative pour approfondir son état d'âme sur ces indications, son visage exprimait une raideur. Il fuyait les questions embarrassantes. Il refusait le câlin de la consolation.

Cette décision de faire paraître un livre écrit par un autre auteur la stupéfia d'incompréhension, d'étonnement. Exclue ! Trahie ! Oui et non. Elle s'inquiétait du devenir. Ces attitudes ternissaient les heures passées à débattre, à s'affronter, à se réconcilier, à rire, à se transformer mutuellement. Ils se regardaient, depuis leur rencontre, avec profondeur, sincérité. Ils se transmettaient une nourriture livresque. Mais là, qu'est-ce qu'elle avait regardé sans voir vraiment ? Qu'avait-elle vu sans vraiment regarder ? Elle lui en voulait encore un peu. Elle s'en était voulu aussi. Dorénavant, elle admettait la fragilité d'Antoine.

Que de sueurs, autant froides que chaudes, accompagnées de sursauts corporels, avais-je vécues selon les premières confidences des infirmières ! Mon sommeil ne fut pas de tout repos. Mon inconscient avait dû probablement bouillonner en raison de ce ni temps, ni espace, ni contrainte qui le constitue. À la découverte de l'environnement, je m'obligeai à questionner mon fantôme.

Je traversais un phénomène hallucinatoire. Je sortais d'un songe. Je vivais, tout simplement, quelques secondes chahutées par un tout-venant de ma pensée avant un retour à la normalité. Cet examen fut bref. Une certaine inquiétude traversa mon esprit. Je percevais le trouble de me retrouver dépendant d'un règlement propre à une institution. De plus, un protocole thérapeutique allait remettre en cause le mouvement de ma vie. La position allongée était associée à la problématique du lendemain. Quel devenir dans les jours à venir ?

Ce n'était pas sans me rappeler un bouleversement du passé qui me fragilisa au point de manifester un esprit de résignation. La mort de ma mère, un être cher, fut un traumatisme qui marqua le début de mon adolescence. À quinze ans, ma bulle protectrice éclata à l'image d'un ballon de baudruche qui se désagrège suite à un coup trop appuyé ou à un écrasement inattendu ou à une pique transperçant l'enveloppe. Une invivable interruption se propageait sous mon toit de confort et de paix que je ne comptais pas défigurer du jour au lendemain. Le coup de vent provenant d'une tempête lointaine avait détruit les digues de la confiance.

L'attachement à sa mère bouleversa sa vie au point d'endurer un étrange emprisonnement. La solidité du ressenti s'exprima de manière récurrente, inaliénable. Les rétrospectives d'une filmographie, les images fixes des instantanés coulaient insidieusement dans sa tête. L'ensemble nourrissait la solide trame de son émotivité. Elle percevait les chagrins passagers d'Antoine. Les pleurs intérieurs se teintaient sur son visage au rythme des variations de la lumière, des assauts des nouvelles du jour. Les ombres du soir les accentuaient jusqu'à les confondre avec le noir de la nuit. Elles transformaient le songe en une mort vivante. La coupure brutale se transforma au fur et à mesure en une cicatrice vivante, vivace.

Les fins des sonorités se confondirent avec l'éloignement des odeurs maternelles et annoncèrent un sevrage d'ado trop précoce. Ces douleurs liées à la rupture du cordon ombilical s'imprimèrent dans son corps, voire dans sa peau. Ces mini dépressions rappelaient la peur perpétuelle ressentie par Baudelaire : « *... je suis tombé dans une sorte de terreur nerveuse perpétuelle...* ». Antoine se confrontait aux variations des énergies angoissantes.

L'avait-elle surprotégé ? Peut-être ! En contrepartie, la sensibilité féminine de cet homme rendait les confrontations plus subtiles, plus sensibles, plus bienveillantes, moins cartésiennes. Sa compréhension de la femme, du féminin, de la féminité affirmait son humanité masculine.

Elle le regardait comme un être touchant, disponible, fidèle. La douceur de ses gestes, la souplesse de ses déplacements compensaient les emportements verbaux. Par contre, elle questionnait son incapacité à prendre des décisions. Il éloignait les risques. Il n'affrontait pas ses peurs du monde social. Sa ferveur semblait manquer de virilité. À force de se confronter à la quête du père, à tenter de surpasser ce qu'il devait considérer, sans se le dire, comme le zèle d'Augustin, il se rendit malade.

Nietzche : *Il ne faut pas vouloir surpasser le zèle de son père, cela rend malade.*

Tout avait été léger, trop léger peut-être, pendant les premières années de mon enfance. Je ne fus pas un enfant roi. Les contraintes furent admises malgré les protestations de la gaminerie accompagnées d'une ténacité hargneuse. Je ne fus pas l'enfant maudit. L'enfant joyeux enchantait les grands. J'accepte l'idée de l'enfant sauvage jouissant de l'évasion, du rêve, du jeu. J'avais sautillé d'excitation, voleté de légèreté, chahuté, par la perfidie, mon voisinage. Je vivais tout simplement comme un chiot qui tourbillonne aux moindres ferveurs de son maître, qui se met à aboyer comme s'il déclarait son plus grand bonheur de l'accompagner dans ses promenades. Le terrain des adultes m'échappait au point d'ignorer ou de nier les choses du quotidien. Je papillonnais autour d'eux.

Cet événement se présenta comme un travers inattendu alors que le voyage au long cours ne rencontrait jusque-là aucun obstacle. La brutalité de l'annonce, les effets induits claironnèrent mon destin et ceux de mes proches. Ils alourdirent le poids des ans à un moment où la trajectoire de mon parcours n'aurait pas dû être déviée. Ainsi, un indescriptible malaise me contraignait le plus souvent à solliciter le rappel de l'enfance pour franchir des étapes décisionnelles. Certains de ces états d'âme, comme la peur de l'inconnu, s'étaient banalisés au point d'en faire une référence comme une autre pour traverser le temps de mon vivant.

Aujourd'hui, je crains la mort d'Hélène. Quelque chose d'indéfinissable me lie en permanence à l'angoisse de perte. Cette rencontre, alors que j'approchais de la quarantaine, fut comme la trouvaille d'une bouée de secours, elle-même égarée en pleine mer. Elle me permit de revenir à un port d'attache, là où les amarres garantissaient la flottaison de notre navire à flot. Cet équilibre fut ainsi jusqu'à ce jour particulier où Lola confessa un soi-disant réel difficile à intégrer. Des racines affectives plus profondes en furent bouleversées, non sans violenter ma raison et mon âme.

Ils s'étaient rencontrés sur le bateau assurant la liaison entre Marseille et la Corse, un soir d'été, de retour de vacances. La traversée de l'île, du nord au sud, correspondait à son programme athlétique. Elle osa affronter le sentier de grande randonnée 20. Le hasard les mit dans la situation de prendre une boisson au bar, l'un à côté de l'autre. Était-ce cette configuration qui fut l'investigatrice des premières paroles échangées entre eux ou le livre de Sartre – *Les Mots* – qu'elle avait avec emporté avec elle ? Elle pensait s'accorder un temps de relecture. Cet auteur tentait de répondre à la question ; « Comment suis-je devenu écrivain ? ». Elle parodia au moment des présentations professionnelles ; « Comment suis-je devenue libraire ? ». Quelle fanfaronnade !

Les quelques premières banalités vocales permirent d'identifier des points communs qui regroupaient la fragilité des intentions, le vacillement des corps, l'univers des embarras, l'amour des mots. Elle exagérait son énumération. Le voyage de la pensée se déposa timidement sur le comptoir en bois marron. Le serveur essuyait toutes ces imperfections d'un geste anodin avant de servir les deux cocktails : l'un sans alcool, l'autre avec vodka. Le nectar de l'envoûtement ne figurait pas sur la carte des boissons. La retenue d'Antoine, accentuée par le mètre les séparant, limita la durée de la rencontre.

Contrairement à Benjamin, il ne se hasarda pas à prendre en main le mot écrivain ou libraire pour en faire une sérénade des premiers émois. Chacun resta sur ses gardes pour ne pas en dire plus. À son grand regret, le bonsoir fut prononcé trop vite. Toutefois, elle eut cette impression de l'avoir déjà aperçu un jour ou entendu par un hasard de circonstance. À un moment particulier, non identifiable dans l'instant du roulis du bateau, l'intonation de cet homme s'était probablement incrustée subtilement dans sa mémoire.

Depuis sa plus tendre jeunesse, sa sensibilité au timbre des voix, à la vibration des cordes vocales, surtout celles des hommes, réveillait ses sens. En quelques secondes, un tremblement, maquillé par le frottement de ses doigts sur le rebord du verre, l'incitait à tendre l'oreille. Ce soulèvement souligna l'effet d'une même attirance dès les premières paroles prononcées par Benjamin, plus tard, par Jacques. Restée seule, un peu plus tard dans la soirée, quelques cocktails en trop, elle se laissa emporter par un autre homme venu s'asseoir tout près d'elle.

Comme un prétexte aventureux, il observait la page de couverture du livre de Sartre. Il s'aventurera à la charmer. Il reprit malicieusement un propos de cet auteur sur l'écriture : *... que faire d'autre ? C'est mon habitude, c'est mon métier...* Elle fut conquise et acquise. Le chahut se termina en proximité du hublot éclairé par la lune. La houle le caressait calmement cette nuit-là comme pour s'excuser des heures tempétueuses. Il se trouva être le témoin des débordements des nudités à l'intérieur de la cabine. Encore un bon souvenir !

À la toute première lecture de ce texte, elle fut étonnée de découvrir cette idée de bouée de secours et de port d'attache. Ces quelques minutes sur ce paquebot durent s'imprimer dans l'inconscient d'Antoine. Quelques mois plus tard, encore une traversée du temps, entre oubli et rappel, ils se retrouvèrent lors d'une circonstance particulière : la mort d'Augustin. Étrangement, ce funeste rendez-vous les rapprocha pour quelque temps. Augustin, elle le connut très peu. Ils se rencontrèrent quelques heures. Ils négociaient les termes de la vente du commerce. Elle assista à l'enterrement pour honorer l'ancien propriétaire. Succomba-t-elle à la souvenance de la voix réactualisée lors de l'oraison funèbre prononcée par Antoine ?

À l'extérieur de la chambre, l'ambiance générale était marquée par des cris, des plaintes, des gémissements, plus ou moins lointains. Elle supposait la détresse humaine des internés, les mourants clamant leurs mots de désenchantement, le quatrième âge appelant à l'aide uniquement pour calmer le rappel de la solitude, voire le refoulement du proche trépas. Je l'imaginai ainsi, m'excluant de toute appartenance à l'une de ces catégories.

L'odeur de la chambre supposait l'usage d'un désodorisant ou d'une solution antiseptique. Le mobilier composé d'un pieu médicalisé, d'une table sur roulettes, d'une chaise confirmait l'hébergement de malades. Cette chambre d'hôpital, peinture blanc cassé, certifiait la soumission à ma propre condition de mortel. Pendant quelques secondes, pour contrer l'inéluctable, l'imagination me permit de sortir de cet univers. Je figurais dans un hôtel, cinq étoiles. Je mettais en scène l'amour, la sexualité, le simple repos avec Hélène, ou par surprise, une autre image féminine venait s'intercaler. Nous nous enivrerions du chaud des couleurs, de la sueur des pores. Des bougies éclairaient le bord de la baignoire. Des bruits fixaient le vif, le plaisir, le jouir. Je me surpris à dessiner mentalement ce tableau animé du bonheur à être. Me fallait-il être comme emprisonné dans un carcan pour m'autoriser à flirter avec une vision érotique, si rare dans l'inattendu de mes fantasmes ?

Elle rit. L'amusement survenait à l'idée de la composition de la scène. L'improbable scénario mettait à mal ce soudain de la lecture. Très ou trop souvent tendu, l'expression avec son corps demeurait une gymnastique maladroite. La tête posée sur son épaule, préliminaire des endormissements, comme pour dire qu'il tenait à elle, suffisait le plus souvent à sa demande. Parfois, elle se vivait orpheline du désir de l'autre. Elle offrait des massages. Plus disponible à la rencontre sensuelle, elle regrettait ce manque d'accord érotique au sein du couple.

Devenu un grand, comme il est dit, il professait l'art de vivre ses émotions en se laissant aller aux envolées intellectuelles. Il raidissait pour partie le soma. Enfant, adolescent, ses éprouvés se confondirent avec les caresses de la nature, les chatouillis discrets des impressions physiques, les sonorités enveloppantes de sécurité. Ces sentis se figèrent aux moments des irruptions des réalités que la cécité ou la violence des faits avaient masquées ou refoulées à l'image d'une condamnation jamais annoncée, mais bien exécutée. Les brisures avaient gagné du terrain sur sa vie comme un environnement se ressent blessé du trop de la dégradation et du non-respect.

À la gauche de la pièce, je remarquai une fenêtre, à petits carreaux, condamnée à l'extérieur par une grille de défense en fer gris. Suffisamment basse, elle offrait cet avantage de deviner un jardin à l'extérieur rappelant aussi vite les matinées bénies de mon autrefois. Cette projection accordait le semblant du bien-être, de la détente, à l'instant même où je pensai être enchaîné aux rails latéraux du lit.

J'aperçus avec un plaisir intérieur des hortensias, un mixte de bleu et de rose. Ils étaient couverts pour partie par les branches des marronniers qui délimitaient les allées ombragées. Je conjecturai des azalées, des belles grimpantes, des pivoines, des cerisiers du Japon, des roses anciennes dans cet espace vert. J'associai ce tapis de verdure à la recherche d'une source de fraîcheur ou à l'exaltation de l'air chaleureux durant les étés de mon âge tendre.

Je me rappelais la blancheur des lilas blancs, deuxième floraison en septembre. Ces fleurs, symbolisant la beauté juvénile, les premières émotions amoureuses du beau, se laissaient happer par les restes des lointains ensoleillés. Ces dernières chaleurs indiquaient les jours et les soirées des saisons automne et hiver. Fin de l'été, je vivais le plus souvent dans ma chambre quand la lueur du dehors déclinait au profit des flammes de la cheminée. Le vent adressait les odeurs du mimosa à travers la fenêtre de la salle ou de ma chambre au moment des aérations. Elles devenaient moins envoûtantes avec les fins de saison. Les fumets de tabac les remplaçaient largement.

L'instantané et la vivacité de ce raccourci collaient à mon enchantement sur la nature présente hors de mon champ visible du moment. L'espoir d'un Eden, au-delà de ces vitres, me calmait, me rajeunissait. N'avais-je pas eu ce privilège de gambader, de jouer, d'ignorer l'agitation de l'extérieur, de croire à ma toute-puissance, d'imposer mes propres directives dans cet enclos familial assimilé en quelque sorte à une matrice maternelle !

Elle observa la bande des petits loups. Lequel ou lesquels de ces enfants, garçons ou filles, pourraient montrer ces traits de caractère ? D'après une photo bien vieillie, Antoine, à peine sept ans, poings fermés, posture droite, regard affirmé, grimpé sur une souche de bois, snobait probablement son copain de l'époque, plus jeune, assis par terre. Une personnalité dominatrice montrait un jeune chien pas encore totalement civilisé, mais assez osé pour marquer son territoire à son compère plus obéissant.

Que serait-il devenu sans la perte brutale ? Elle inventait un autre scénario. Le script envisageait un autre homme, un autre avenir, une autre relation, un autre destin. Ils ne seraient pas connus. Hypothèse idiote !

Elle sollicitait son propre parcours. L'environnement urbanisé chatoyait l'évolution des bruits citadins. Le devenir, prometteur de bien-être, s'appuyait sur une morale populaire. Petite fille, adolescente, les transitions se manifestaient calmement. Elles se montraient dépourvues d'une pulsion dévastatrice. L'insignifiance ! Peut-être !

Ce clin d'œil, animé et chaleureux, rappelait la demeure à la campagne, et quelle demeure ! Mon regard, à cette époque, l'identifiait à une bâtisse imposante et protectrice.

Elle paraissait longue, deux étages, haute sous plafond, à l'exemple d'un château entouré d'un muret. Le plus souvent, je m'amusais du temps de la seigneurie. Elle figurait ligotée, par endroits, par des lianes de lierres cachant pour partie un torchis, lui-même révélateur d'une structure datant de plusieurs années. Son soubassement en pierre montrait une solidité aux épreuves du temps.

Quelques années plus tard, lors d'un passage de circonstance, elle sembla moins imposante à ma lucidité. Elle demeurait plus impersonnelle, vieillie, peu entretenue. Je fus déçu de mes exagérations de gamin. À cet instant, je l'observais comme une simple carte postale qui accrochait un antan que j'avais beaucoup trop embelli. Je m'accrochais tout de même aux agréables souvenirs du lieu. Ils m'imposaient la croyance aux quelques choses laissés à mon enfance.

Cet aperçu fixait assurément un filament de lumière qui annonçait, sans m'en rendre compte, une réalité bien différente. Il m'éloigna des ressentis d'enfant, eux, inondés de sérénité. Barthes écrivit : « La photographie atteste la vie et par là même montre la mort au travail ». Je pensais à tous ceux qui avaient exprimé des joies, des peines dans cet espace qui n'appartenait plus à personne. Certains étaient partis dans les cieux, d'autres sillonnaient encore des lieux qui m'étaient ou demeureraient inconnus. Nombre de mes impressions s'étaient construites sur un château de cartes.

Le soir, ressentant de légers frissons, aux moindres bruissements dus aux coups de vent, aux gouttes de pluie frappant la gouttière, aux chuchotements de la bruine sur les ardoises, je pensais aux chauves-souris ou à tout autre invité nocturne, à l'exemple de la chouette, résidant potentiellement dans ces entrelacs de la végétation suspendue, ou, accroché aux racines que je métamorphosais en branches d'une vigne ancestrale. La fenêtre, sans volet, transition du dedans et du dehors, me rendait témoin, nuit noire ou pleine lune, d'un monde vivant ou imaginaire. La peur, l'excitation des ombres, l'attente s'ajustaient à la lumière naturelle du dehors quand le « maître des hommes et des dieux » *refusait la feuille du pavot ou éloignait les propositions de Morphée, son fils.*

Sécurité et insécurité, attirance et rejet, rêve et réalité se mélangeaient à l'idée d'une bénédiction garantie par ses murs indestructibles. Courageux, j'improvisais des films d'épouvantes pour me faire peur. Je ressassais les histoires, les contes lus quelques heures auparavant par Martha, ma mère. Je n'oubliais jamais l'effet du bisou au moment où ma cajoleuse remontait la couverture en accentuant le geste qui confirmait le souhait d'une bonne nuit.

L'instant proposait le chaud du câlin, une manière de me dorloter jusqu'au matin. Nouveau jour, nouvelles expériences. Un présent cimenté de l'hier. Cette alliance se répéta ainsi sans que je me rende compte de cette horloge de la temporalité qui passait inexorablement. Telle se manifestait l'alternance entre sommeil et activité centrée sur l'agitation corporelle essentiellement ensorcelée de sensations, du trop de sensations peut-être.

Avec Hélène, je reproduis ce cocooning. Nos amis, les livres, sommeillent, accolés les uns aux autres, sur les étagères de la grande bibliothèque. Certains ont le privilège de demeurer à vie sur les tables de nuit, voire de se faufiler, selon l'envie de leurs hôtes, aux quatre coins de la maison. D'autres, mis en valeur sur les étals de la boutique, attendent le matin qu'une clé redonne de l'éclat à leurs mots cachés afin de séduire tout passant en attente d'un voyage partagé.

Hélène nuançait l'affirmation. Sans le contester, les livres leur ouvraient l'esprit de la conversation. Descartes suggérait : *la lecture de tous les bons livres est comme une conversation avec les plus honnêtes gens des siècles passés qui en ont été les auteurs*. Cet autre auteur, John Ruskin, indiquait : *la lecture est une conversation avec des hommes beaucoup plus sages et plus intéressants que ceux que nous pouvons avoir l'occasion de connaître autour de nous*. Proust n'assimilait pas totalement la lecture à une conversation. Il privilégiait la manière dont chacun reçoit la communication d'une autre pensée, tout en restant seul, tout en jouissant d'une puissance intellectuelle.

Ces intelligences fixaient le rapport intime entre le lecteur et le livre. Elle recentrait son point de vue sur leurs attitudes communes. Elle identifiait plus facilement leurs causeries. Leurs esprits divaguaient en association libre. Cette liberté autorisait les bavardages où tout à chacun s'appropriait la nécessité de discuter en toute simplicité. L'atmosphère prenait le pas sur une intériorité plus soutenue. Elle était agitée quand Antoine dépassait les limites de son entendement.

L'intérieur de ce havre représentait l'insolite : un bric-à-brac associé à un bazar achalandé de livres. Ceux-ci s'affranchissaient de leurs heures de publication. Lors des touchés inopinés, ou encore, aux plus forts des frôlements lors des passages enjoués, ces ouvrages, papiers blancs ou jaunis, couvertures illustrées ou simplement signées d'un titre et d'un auteur, délivraient diverses émanations soulignant l'ancien et le récent. Ces perceptions dépendaient de l'appareil olfactif de chacun. Les revues, déposées çà et là, s'interposaient comme pour signifier leurs existences dans ce monde de la connaissance, plus encore, pour signifier l'intérêt à porter à la première page ou à la dernière page qui garantissait la richesse des textes à lire.

Titres, photos, textes en petits et grands caractères, tâches graisseuses ou indélébiles, les contenus n'étaient pas encore à la portée de mon discernement. J'aimais regarder les premières de couverture, une manière de me croire en connivence avec les adultes imprégnés de l'écriture, de la création, de la lecture. C'est ainsi que démarra ce lien qui ne me quittait plus. Ces seules empreintes nourrissaient ma culture naissante bien avant mon intelligence. C'est toujours le cas.

Que dire du mobilier hétéroclite disposé comme un stockage aléatoire ! Mes genoux les heurtaient assez souvent lors des déplacements entre les diverses pièces. Les courses effrénées, faites de glissades volontaires ou involontaires, me transformaient en cascadeur ou en skieur. Sursautant de désagrément, les chats de la maisonnée stoppaient leurs rêveries et ronronnements. Je n'étais pas avare de la petite méchanceté qui consistait à les contrarier, eux, allongés au maximum de leurs poses nonchalantes, paresseux et à leur aise. Les pleurs le plus souvent silencieux, liés à la douleur des percussions, soumis à la vengeance entraperçue dans les pupilles d'Iseut et Tristan, surnommés ainsi, bien que frère et sœur d'une même portée, s'exprimaient dans le silence. Je me cachais derrière le meuble le plus accessible sur le moment. Je humais, le temps de la consolation, la dernière cire, secondairement, le renfermé, ou un mixte des deux.

L'extérieur s'affichait à l'exemple de la forêt assez proche ; variétés d'arbres, de plantes, de fleurs sauvages. Le jardinier demeurait absent. L'ombre des feuillages autorisait la cachette pour s'isoler dans un protectorat de délice. Du printemps au début de l'automne, étendu sur le sol, les bras en croix, caressant les herbes des saisons, j'admirais le ciel où les traînées de condensation des avions se cachaient par intermittence sous les nuages. J'imaginais les destinations sans en connaître les noms communs. À l'époque, sans le savoir, mon attitude copiait la pensée de Rousseau, « ... les yeux tournés vers le ciel... plongé dans mille rêveries confuses, mais délicieuses... ». Pendant quelques secondes qui s'apparentaient à la durée d'un voyage dans le cosmos, je virevoltais d'étoile en étoile, j'émergeais des mobilités entre les planètes. Le lointain s'acoquinait avec le proche, ou l'inverse. J'attendais les impromptus des babillements des oiseaux. Je scrutais les danses de leurs silhouettes vaguant au gré de leurs humeurs, ou encore, se dirigeant vers les pays du soleil. J'observais les ballets préparatifs de la migration des hirondelles. Je constatais les fins des jours du solstice d'été encore nommé la voie des ancêtres.

Allongé sur la paillasse de la grande bergerie, là où une chèvre et deux moutons cohabitaient, hormis ces instants où Mistinguett, barbiche excitée, faisait sa loi en accordant à ses deux ovins, camarades de circonstance, des coups de cornes afin de les éloigner des herbes à dévorer, je découvrais mes premiers émois dans le bas ventre, comme un appel à la prudence, comme une gêne sans motif. Ces gestes délicats et inquiétants du mystère furent répétés de multiples fois. L'excitation provoquée par l'odeur et la chaleur des foins les imposait au point de devenir une habitude rassurante et inquiétée du risque d'être pris en flagrant délit.

Seul, sans aucune crainte, je m'évadais dans les espaces des alentours. Je m'autorisais de longues vadrouilles en sifflotant le cantique des oiseaux. Je construisais des histoires relatant des temps passés. J'inventais des personnages autant sympathiques qu'inquiétants. J'écrivais dans ma tête des scénarios historiques. Je changeais tout autant la trame, les enjeux, sans la contrainte de l'orthographe et de la ponctuation. Lors de mes gambades, prenant le risque de l'éloignement en dehors de mon propre chapiteau, je m'intéressais à l'écoulement de la rivière proche. Un bout de bois devenait un bateau à suivre dans ses dérives, à redresser pour l'accompagner au plus loin avant qu'il ne soit coincé par des racines ou pris dans une cascade infranchissable. Un peu plus loin, je déambulais entre les arbres du massif forestier, un bâton à la main pour me défendre des méchants confondus avec les herbes agressives, les fleurs indélicates, les branchages irrespectueux. L'errance dans la nature offrait des rencontres insoupçonnées. Parfois, ma visibilité dépendait des épaisseurs, des écarts, des rapprochements des arbres, et plus encore, des autres espèces envahissantes au sein de ce milieu. Courir par tous les temps, arpenter les champs avoisinants, franchir les fossés, embrasser les arbres, couper les fleurs, sauter dans la boue me firent croire à mon indépendance.

Platon différenciait les amis de la terre et les amis des idées. J'entendis ces considérations au hasard des allées et venues clandestines dans le salon, ou dehors, autour de la terrasse d'été dénommée l'agora. Mon choix d'enfant demeurait impossible. Je n'avais pas d'amis identifiés comme tels. J'aimais avant tout l'espace terre circonstancié à ma cour de récréation. Je compris bien plus tard cette subtilité, ce changement de paradigme qui allait déterminer pour toujours la coupure, la séparation entre le corps et l'âme, la focalisation sur l'homme et ses pouvoirs, sans oublier le dévolu de l'Homme sur la nature par plaisir ou par intérêt.

Je me rappelle une pensée de Descartes. L'union n'est pas l'unité, l'esprit ressent et le non le corps. Il souligne tout de même qu'il faut un corps et un esprit pour éprouver la douleur. Les philosophes suggèrent des raisonnements à partir de questions ouvertes pour comprendre les choses et le monde. Notre raison, notre intériorité s'en félicitent. Le cosmos, l'extériorité, nous oublions peut-être un peu.

Durant la petite jeunesse, j'avais rencontré de grands personnages sans les connaître. J'écoutais furtivement les propositions de l'entourage, pensant parfois qu'ils parlaient de voisins ou de parents éloignés. Molière pouvait être le cultivateur d'à-côté, et non ce créateur, acteur, directeur de troupe marquant le triomphe de la comédie, inspiré par le ridicule et les travers de son époque. Racine s'apparentait à un arbre, bien éloigné de l'auteur traitant du déchaînement de la passion provoquée par l'amour et l'ambition. Corneille à un corbeau, sans soupçonner que ce témoin choisit l'héroïsme comme signe de liberté aux dépens de la passion amoureuse. J'expérimentais la patience du novice pour espérer atteindre la sagesse face à l'incompréhensible des tirades déclamées par ces littérateurs qui m'entouraient depuis le plus jeune âge. L'amour pour ma chère me donna l'espoir d'en comprendre quelques fragments.

À l'université, j'appris les grands auteurs. J'étais isolé du monde estudiantin, habitué au même trajet, des va-et-vient, de ma chambre d'étudiant aux bancs de l'amphi. La découverte des grandes œuvres remplissait les lignes de mon emploi du temps. Ma disponibilité intellectuelle se façonnait au détriment du réel de la vie. Je fus agréablement surpris par la pensée des présocratiques. Elle était diversement enseignée dans le cursus universitaire. Ces philosophes proposaient l'harmonie des mondes, non pas un consensus fade, mais des variations d'intensité, l'opposition des contraires, une opposition équilibrée, le un dans le tout. Pour eux, l'Homme ne doit pas se croire plus important que la Nature et le monde environnant. J'adhère encore à cette vision qui privilégie l'immanence et l'expérience tout en prenant garde de mes vérités ou de celles des autres. Je découvris la culture structurante qui m'avait manqué en termes de transmission. Ma maîtrise de lettres, obtenue sans une difficulté particulière, confirmait pour partie la culture de ma mère. J'en étais fier. Par ailleurs, ce diplôme déclencha une forme d'espoir conduisant à l'idée d'une vie prolongée avec les auteurs anonymes, amis de ma mère par la circonstance de son métier.

Tout était fête. Cette grande famille baignait dans le décor du rêve éveillé. Tout était envolée de sons, de rires, parfois de chansons. Les bals, décorés de bavardages, enveloppés de musique, prenaient fin assez tardivement dans la nuit. Ces cacophonies assuraient la continuité des jours aimables du plaisir de vivre. Je retenais uniquement cette effervescence, comme si les silences, les pauses, les débats n'avaient jamais traversé ma pensée, mon écoute. Ma vie s'inondait des bruitages, s'enivrait des ambiances, là où les acteurs en présence s'amusaient en permanence, là où tout contribuait aux mouvements et aux variétés. Cette polyphonie accentuait mon mode de perception, d'interprétation et de création. J'avais sous-estimé les temps où les partitions n'étaient pas inventées, lues, chantées. Comme dans un rêve, j'étais un adepte de la condensation. La réalité était autre. De ce lieu agité, je les quittais sans crainte. Je passais un sas qui conduisait à la grande chambre où les seuls invités, c'est-à-dire les chats, prolongeaient en cachette ma sécurité. Les jouets, les peluches n'envahissaient pas le petit dortoir. Je montais, je démontais les pièces métalliques du Meccano. Et je lisais.

Ils étaient appelés farfelus de la croix verte. La stèle chrétienne, matérialisant le carrefour entre la route principale et le chemin du hameau, signalait le lieu-dit où vivaient ces curieux personnages selon l'avis des autres voisins. Identifiés comme des artistes, des soixante-huitards, des gens d'un autre monde, ces gus ne semblaient pas dangereux pour la traversée de leur quotidien. Tous se sentaient heureux dans ce monde de l'enchantement, de l'innovation, du ludique. C'était ma foi la plus profonde. Ma mère répétait fréquemment la nécessité de se distraire du réel, de donner au corps, délaissé par le monde des idées et des concepts depuis Platon, toute sa place. Je ne comprenais pas toujours cette pédagogie, enseignée lors des repas, débattue avec les amis poètes, comédiens, musiciens ou autres invités. Ils exprimaient des sentiments mêlés d'affects positifs et négatifs à travers des déroulés de phrases où chacun semblait être un acteur. Ma représentation d'enfant le crut longtemps ainsi, trop longtemps rétrospectivement. Je confondais les répétitions de théâtre, les rigolades, les envolées d'idées, les désaccords, les engueulades, les lectures à voix haute.

Ces discussions interminables étaient arrosées du dernier cru beaujolais, voire du whisky irlandais, – le meilleur des whiskys – selon la cantonade des derniers actes. Je ne me souciais pas de l'identité sociale de tous ces hôtes. Ils semblaient heureux. Je traversais ces heures et minutes comme un fauve domestiqué. Pour l'enfant grandissant, tout était théâtre. La vie était théâtre. Ils rigolaient. Ils n'étaient pas d'accord. Ils parlaient fort. Ils élargissaient les gestes. Ils trinquaient à volonté. Ils se couchaient tard. La plupart vivaient sur place, surtout les temps des week-ends agités.

La nuit, je dormais dans un lieu à part, éloigné du bourdonnement, même si par intermittence, je pensais entendre des respirations haletantes de bonheur. J'étais interdit de séjour dans les lieux de repos des invités. La sexualité, je la voyais, parfois avec étonnement, chez les animaux. Je la soupçonnais discrètement durant ces nuits.

Famille et amis, ils se tenaient tous en estime malgré les gentilles malveillances et les quolibets amuseurs des alentours. Sans être miséreux, malgré une insécurité financière pour certains, ils ne partageaient pas les valeurs représentant la réussite matérielle à laquelle un certain monde proche en faisait la promotion, autant de manière générale qu'insidieusement. Ils n'étaient porteurs d'aucun message, d'aucune messe, d'aucun discours relevant de la lutte des classes. Ils participaient de loin aux grands espoirs sociaux et aux conflits idéologiques. Il me sembla que leurs revendications insistaient sur la conquête de liberté intérieure, sur l'éloignement des contingences extérieures. Ils profitaient du temps présent, tout comme moi d'ailleurs.

Cette dynamique groupale se reproduisait tous les étés dans le parc des Cévennes. Les baignades, nus dans les rivières, les randonnées dans les vallées cévenoles, les chorégraphies improvisées le soir avant de rentrer sous les toiles de tente en faisaient un train-train de chaque instant. Le temps des vacances, j'acceptais la proximité des autres enfants. Je gardais la distance nécessaire pour la rêverie quotidienne sous les châtaigniers. Les cimes et les étendues augmentaient la vision des espaces infinis. Me retrouver seul face à l'inaccessible de la chaîne des vallonnements lointains garantissait mon émancipation.

Et puis, voilà ! Un jour, ma sœur, Caroline, me confia une information déstabilisante qui contraria ces mises en scène idylliques imprimées dans ma mémoire débutante. Au fur et à mesure, l'étonnement, l'impensable, le détournement me guidèrent vers la tristesse. La vie pouvait s'avérer cruelle. Elle brisait l'imaginaire au profit de l'éloignement. Elle gâchait mon ignorance. Longtemps, je doutais de la véracité des faits. Vivais-je des expériences ou subissais-je des jeux de l'esprit comme il est dit ? Je les encaissais comme un sifflement du trop de l'incontestable, au point de vivre des situations de confusion aux différentes étapes de mon itinéraire. Le trouble persistait aux moindres sursauts, questionnant le vrai du faux. Je croyais être condamné à croire à une fabulation de ma propre pensée.

Elle, treize ans. Moi, huit. Elle m'infligea l'idée que Christophe était son père, à elle. Cette affirmation fut répétée comme pour bien marquer cette particularité qui semblait lui donner un ascendant familial. Cette provocation fut admise comme une piqûre remplie de venin en raison d'une broutille venant de ma part. Sournoisement, j'avais caché ses lunettes sans tenir compte de l'urgence qu'elle avait à quitter la maison. Christophe était assurément l'un des meilleurs amis de ma mère. Ils avaient habité la même ville, le même quartier, la même école, le même collège, le même lycée. Ils exerçaient la même profession. Sa présence à la maison, tout comme les quelques autres qui constituaient la horde, n'imposait aucun questionnement sur la normalité du fonctionnement de ce groupe. Tout semblait être un pacte groupal indéfectible de vertu et insoupçonnable de vice. C'était rassurant.

Je partis, comme un agacé qui vit une injustice, en criant que ce n'était pas vrai. Elle prit ce plaisir à le rasséréner à la moindre friction entre nous. Je compris bien plus tard ces estocades comme pour m'achever, m'exclure de son clan.

Sa présence me gênait le plus souvent. Sans m'en apercevoir, je désirais toute la place. Je voulais être l'exclusif de la maisonnée. Je ne l'aimais pas. À quinze ans, au départ de ma mère, j'admis qu'elle vivait chez ses grands-parents. Ils habitaient la ville la plus proche. Je fus ravi, comme pour mieux me séparer d'elle. Par contre, le silence de l'entourage me déçut.

Avais-je entendu ? Avais-je compris ? Savais-je sans vouloir en entendre parler ? Je ne répondis pas à cette pique lancée par ma sœur, peu encline à une complicité. Nous devenions des étrangers par la circonstance de l'âge. Par ailleurs, il ne m'arrivait jamais de supposer un seul instant que les hommes et les femmes de ma proche compagnie avaient une vie ailleurs, des amours différents, des statuts d'amants ou d'amantes, même des qualités ou des défauts particuliers. Je naviguais comme un électron libre, semblable aux chats qui ne souciaient pas des palabres humaines, ou encore, je figurais comme un élément du décor.

J'avais la particularité d'interagir au gré des impulsions des uns et des autres. Je ne gênais personne, sauf pendant les débordements du pulsionnel. Chacun des membres avait sa version pour calmer mes ardeurs. La plupart du temps, les rires m'apprenaient la marginalité par rapport à leurs attentes. Ils m'appelaient, selon la gravité des interventions douteuses, le petit vaurien. Ce mot, je l'entendais comme une complicité de leurs parts. Je m'extirpais du cénacle, sautant de plaisir comme les deux félins qui balançaient, sans aucune contrariété, leurs queues à la moindre recommandation de se bouger. Quand confronté à la susceptibilité, petit orgueilleux sans le supposer, je quittais la scène de l'affront. La vengeance se polarisait sur les fleurs, les herbes. Je les fauchais à coup de bâtons, à l'exemple des laboureurs d'autrefois qui avec une faucille coupaient les ronces et les orties pour entretenir les talus. Là, je déversais mes affects pour une mise à mort de la beauté de la nature.

Durant cette période de la grande innocence, j'inventais tous les jeux possibles de cape et d'épée. Ma mère, comédienne de théâtre par intermittence, créait les capes. Les épées étaient fabriquées par mes soins à partir de branches de chêne bien élaguées et façonnées de manière à en extraire un manche et un pommeau. Durant ces épisodes, la naïveté l'emportait sur le réalisme de la vie. Je mimais les supposés vécus de Fanfan la Tulipe, du voleur Cartouche, de Zorro ou de tout autre héros inventé. Mon père, sans profession officielle dans mon esprit, était un acteur du multiservice ; collectionneur, antiquaire, bibliothécaire. Il me fit découvrir très jeune les livres d'Alexandre Dumas père sans oublier « Le Capitaine Fracasse » de Théophile Gautier. Malheureusement, il ne s'accorda pas le temps de me les lire ou d'en partager quelques pages. Il les donna comme pour me proposer de faire un effort de lecture en solitaire. Il avait probablement raison. Il n'était pas proche.

Enfant, grand ordonnateur, je m'imposais, toujours le plus fort, le plus vaillant, je gagnais toutes les batailles engagées contre mon voisin Charles ; seul enfant habilité à franchir la grille de mon univers, deux ans plus jeune que moi. Pauvre Charles, la pensée du moment rappelle son décès, survenu dans sa vingtième année, suite à un accident domestique. Nous ne nous voyions plus depuis ces années où le monde se limitait à cet entre soit. Cette simple et seule amitié eut son sens, uniquement marqué par l'habitude de jeux d'enfants, rien de plus. Les témoignages annoncèrent qu'il était tombé du haut d'un escalier en voulant rattraper un carton qui lui glissait des mains. La maladresse demeura habituelle chez lui. Remarquée assez tôt, je l'utilisais lors des stratèges de combats. Combien de fois ne lui avais-je pas imposé la mort à chaque duel mis en scène ! Charles et moi, nous vivions l'aventure de la carte blanche, celle qui pourrait définir le bonheur, à la bonne heure. Nous traversions, en quelques instants d'amusement, les espaces historiques et narratifs. La seule loi possible à accepter se limitait à ne pas déborder de cet enclos. Il paraissait être la terre entière, plus exactement il se présentait comme le centre de l'univers. Nous inventions des vies qui n'existaient pas. Nous vivions des étonnements délicieux, surtout moi. Nous recherchions assez souvent l'essence de la surprise.

Le quotidien, hors de la maudite contrainte scolaire, offrait ces possibles d'être un conquérant hors des frontières, un grand prince nippé de belles parures, un pirate sans la mer à mes pieds, un méchant pour sentir ma force, un bagarreur pour affirmer ma vaillance, un envahisseur de terre inconnue, un gentil uniquement au sein de la maisonnée, un soumis au cérémonial de la bonne éducation sans nier l'insoumission et la désobéissance prônées par mes parents. Les chiens, les chats, les animaux, les oiseaux acceptaient en toute naïveté d'être les figurants de ces tumultes guerriers. Le rêve, l'irréel contribuaient à traverser joyeusement les heures de la vie, et ce, sans aucune formalité. Comme en antan, les heures fixes n'existaient pas. La mort ne s'annonçait ni au moment des silences des endormissements ni aux bruitages des réveils. L'inquiétude d'être au monde disparaissait dès les premières exclamations de l'entourage.

Hélène prit le temps de resonger à ces dernières lignes. L'homme poète, l'enfant naïf, l'ami de la nature, le gamin foufou les traçait en saut de puces pour en délivrer l'universel de son monde intérieur. Elle se surprit à transférer sur cette petite meute. Elle tournicotait sur elle-même. Elle manifestait des ressources où l'étourderie éloignait le moyen et le long terme. Le tumulte théâtral, la place de la mère, la distance du père, l'esprit piquant qui exclut, la domination exercée sur l'autre, la violence sur les âmes tendres constituaient l'enchaînement du spectacle.

Les mots écrits par l'autre, le proche, son Antoine, narraient une trame déjà entendue lors des confidences délivrées au fil des confessions. Elle appréciait la répétition du lire. La nouveauté survenait selon sa bonne écoute intérieure. C'était étrange. Elle parcourait un livre qu'il ne l'était pas encore. Elle se souvenait d'un connu proche qui devenait un connu anonyme. Elle ne présageait pas l'idée d'une écriture chez Antoine. Elle le découvrait. Elle supposait l'écrivant d'une histoire romancée, peut-être un futur écrivain. Elle exagérait son attendrissement.

D'ailleurs, les arbres, les enfants, les mamans, les pères présents et absents, les bruits, les odeurs, les visualisations des situations lui donnaient le tournis. Cette ambiance imposait en quelque sorte de repenser son parcours. Ce n'était pas le moment. Elle était une femme sans père. Étrangement, elle ne le rechercha jamais. Son étonnement s'arrêta à l'instant même.

Cette fuite en avant fut marquée par deux arrêts ; l'un de circonstance, l'autre manifestement plus brutal.

Le moment le plus heureux de ma scolarité fut la classe primaire. Elle se déroula à domicile. Mes deux parents le décidèrent ainsi. Le pourquoi, caché à ma compréhension, restait à décoder. Une encre indélébile, visible à l'entrée de la porte de la pièce dédiée à cet effet, le nommait paradoxalement – vie scolaire –. La famille s'était investie dans la transmission comme une institutrice vacataire l'aurait pratiquée à la maison. Les horaires variaient au rythme des présences et absences de ma mère, de mon grand-père Eugène, de Judith ; l'amie de Martha, six ans plus jeune. Néanmoins, le son de la clochette annonçait l'obligation de la parole et de la compréhension. Ce sérieux ne brusquait pas ma vie folle-folle. L'apprentissage devenait une forme de récréation avec des règles de jeu bien acceptées.

Au contraire, les années au collège furent l'exemple de la contrainte. La présence aux autres me sépara de la bienveillance de mon espace de jeu, là où ma vie baigna jusqu'à mes onze ans. Je me confrontais aux pulsions des autres. Je perdais le rôle du dominant de la récréation. De metteur en scène du quotidien, je devenais un figurant comme un autre.

Là, au bahut, comme il était dit, je devais apprendre les textes autrement, subir les évaluations, me livrer à la compétition, tolérer quiconque sans exprimer mon agressivité, accepter silencieusement les remarques à propos de mon léger strabisme, obéir aux contraintes éducatives, entendre le tumulte de la cantine, encaisser les provocantes chatouilles des autres dans la cour. Étranger à ces mascarades, le corps appuyé le plus souvent à l'un des poteaux du préau, je découvrais pour la première fois l'ennui. Je constatais l'obligation de la vie de groupe. Je quittais la grandeur de la vie de troupe. Mon effervescence s'amenuisait selon l'attrait ou non du planning. Ma joie s'effilochait au rythme de mes pas solitaires dans la cour du passe-temps. Les énoncés, malgré les explications, semblaient plus insipides. Les mises en scène de l'oralité restaient stéréotypées. Je déprimais de manière sournoise.

Une rencontre, toujours au collège, en classe de troisième, me fit croire que les sentiments pouvaient effacer le tracas et la sottise des autres. Elle se nommait Juliette. Elle n'en sut rien ou peu. Ma parole se limita aux papouilles de la main dans la main, aux bisous décalés sur les joues, toujours hors cadre de la socialité, toujours sans les mots qui traduisent un intérêt exclusif. Aux autres, elle ne montrait aucun signe annonçant fièrement l'existence d'un petit copain. Tout se vivait hors champ de la moquerie. J'aimais sa proximité. Je l'attendais comme une assurance vie qui garantirait des sentiments naissants. Malheureusement, presque du jour au lendemain, sans un motif déclaré, les parents de ma petite amie déménagèrent vers une autre région.

Les envois de lettres, en réponse à la toute première envoyée par Juliette, s'espacèrent dans le temps. Ils maintenaient le souvenir d'une amourette enfantine afin de traverser un deuil de préadolescent. Le visage de Juliette se perdait au fur et à fur du vieillissement de la pellicule. Je conservais ce réflexe de penser à ce que je croyais être mon premier élan d'une pure impression. Une chevelure noire, assez longue sur la nuque, survenant au hasard d'une déambulation dans la rue, une observation fortuite dans un magasin, une actrice de cinéma vue de dos réactivaient ce que j'avais considéré comme une grande amitié amoureuse. La seule autre personne qui remplaça Juliette, bien des années plus tard, fut Hélène.

Le prénom Hélène se trouvait très, voire trop, souvent cité. La justification de son accompagnement en devenait dérangeante. Leur proximité la chamboula les premières années de leur union. L'engagement donnait un sens au projet naissant. Au fil du temps, les hauts et les bas de ses propres humeurs supportaient difficilement les insécurités d'Antoine, son besoin de protection à la moindre incertitude. La prise en charge du journalier l'épuisait au point de manifester quelques signes d'impatience. Un trop de la dépendance reculait sa propre autonomie. Les bisous affectueux ne compensaient pas son manque d'un corps à corps plus envoûtant. La femme à désirer s'effaçait devant un rôle maternel.

Benjamin, plus tardivement, Jacques, elle connut cette osmose qui certifiait l'attente charnelle. Une amie, avec qui elle était partie en vacances en Italie, en Toscane, lui fit découvrir la délicatesse du toucher, sans un rapport de force. Deux novices du plaisir expérimentaient une jouissance presque sans fin, faite de baisers et de caresses. L'une comme l'autre ne se prétendait pas homosexuelle. Elles se l'affirmèrent seulement au moment de l'apaisement. Les minutes remplies de l'étonnement, de l'acceptation se mélangèrent aux sourires entraperçus dans l'ombre de la toile de tente. Les paroles hésitantes prirent le relais afin d'éloigner la culpabilité de la nouveauté, de refuser la honte d'une violation inavouable.

Lors de ses rêveries, elle questionnait ces rencontres intimes avec Benjamin, avec Patricia. Ces deux êtres, elle les avait aimés. Chacun proposait des particularités et des intensités différentes. La virilité, la douceur tactile semblaient lui accorder un équilibre. Elle abandonna ce compromis suite aux déceptions avec d'autres hommes, suite au contrat moral qu'elle s'accorda en toute sérénité avec Antoine. Patricia se maria quelques mois après cette aventure inattendue, inédite pour elles deux.

Cette connivence, deux soirs d'été, à l'étranger, sous la chaleur d'une canadienne, s'initia, maladroitement, en réaction à la peur d'un fort orage. Les éclairs, les coups de tonnerre les rapprochèrent pour se rassurer. Elles restèrent discrètes. L'attirance ne se manifesta pas pendant la dizaine d'années d'amitié. L'idée de déclencher une intrusion explosive dans la vie de ce couple était à bannir. La probable inquiétude de découvrir une attirance bisexuelle l'avait amenée à centrer son énergie dans le développement de son activité.

Le parler d'Antoine préfigurait un espoir de paroles. À chaque moment de leur vie personnelle, à chaque questionnement d'un client, à chaque pause d'une lecture de travail, il déversait, à un rythme endiablé, des flots d'idées comme s'il rejetait l'idée d'un bourdon à supporter. Son débit de parole entraînait son interlocuteur dans la confusion, parfois, dans l'arrêt de l'échange. Il ne comprenait pas pourquoi. Antoine se recentrait sur le classement, la synthèse ; des compétences rassurantes pour lui.

Avait-elle mis de côté son expression et ses besoins de femme ?

Pourquoi la littérature prit tant de place sur l'édredon ? Elle imaginait la sexualité de ces jeunes femmes qui s'époumonaient à calmer les ardeurs des enfants.

Antoine n'entendit jamais parler de cette expérience avec Patricia. Pourquoi ? Elle ne savait pas. Elle privilégiait à nouveau un jardin secret.

Le décès de ma mère pendant les vacances d'été, suite à une leucémie foudroyante, souligna un autre tournant. Les dix derniers jours de sa vie, je découvris le blanc d'un visage émacié. Ma stupeur transforma le drap blanc, avec un liseré bleu, en linceul. Je voyais l'inéluctable de la mort. Très vite, ma naïveté se métamorphosa en une clairvoyance accolée à une incertitude. J'avais quinze ans. Le drame, rappelé chaque quinze août, fut comme un trou noir dans mon esprit.

Mes irrésistibles sanglots m'ôtaient la vie durant quelques jours. L'être aimé et perdu, plus là ni pour penser l'impensable, ni pour jouer la tragédie grecque, m'obligea à affronter un saut dans un avenir inconnu. Ma psyché, habituée aux ballades de l'ailleurs, se confronta à la rationalité des événements, à la pression de la vie.

Je perdais ma styliste, ma metteuse en scène, mon actrice, ma pédagogue, surtout ma mère. Ce qui m'avait marqué chez elle n'était pas tant les empreintes du corps à corps que sa présence, son aura, son énergie, sa domination sur les autres. Il ne me restait plus qu'à regarder des photos d'elle. Je supposais le rappel de ce qui a été, seule, avec d'autres, avec moi. Mon regard auscultait, sous forme de diagnostic, des traits connus, reconnus, insolites. Je recherchais les expressions de sa réalité. Je craignais la découverte de signes, de particularités qui démentiraient son humanité, sa beauté. Je refusais le possible déplacement sur une autre femme. Il m'arrivait de distinguer ses expressions transposées dans des situations anodines de la vie. Sa voix ne me quittait pas. Elle demeure toujours. La douceur de son timbre rappelait la maman. La puissance de ses articulations soulignait l'actrice, l'enseignante. Cette variation m'invitait à l'entendre, à la croire autre selon la résonance de sa langue parlée ou déclamée en texte.

Soumis au rappel du spasme, j'associe au narrateur dans l'œuvre de Proust qui, blessé par la disparition de sa grand-mère, aperçut brusquement, quelques années plus tard, son visage dans sa mémoire. Il se baissait pour se déchausser. Un souvenir involontaire refaisait surface : le visage penché, sa grand-mère en réalité vivante venait à son secours.

Durant cette période, mon âme sombra dans une forme de nostalgie accompagnée d'une contemplation désabusée. Mon enfantillage s'égara dans le temple d'un vivre ensemble fait de compromis, de compromission, du trop des vérités. La demeure perdit son côté enchanteur dès le premier coup d'éclair. Le dieu de la foudre provoqua un orage destructeur. Les projecteurs qui éclairaient la scène s'éteignirent brutalement. Certains éclatèrent comme pour attiser un feu dévastateur. L'abri pleura l'effondrement du décor contemporain. Cette tanière refusa toute nouvelle mise en scène encensant la comédie humaine. L'habitacle suffoqua à l'absence d'improvisation des acteurs, morts à la fin d'un acte non programmé. Le rideau rouge tomba à jamais. La musique se tut au profit d'un silence trompeur. La maison de famille sembla vieillir en quelques heures, tout comme les comédiens qui auparavant vivaient heureux, avec ou sans un public. J'étais un fan qui perdait son idole. J'étais un fils qui perdait sa maman.

Lors du recueillement dans l'église, je compris l'aveu de Caroline qui l'écartait de la filiation directe avec Augustin. Le lien étrange avec Christophe, fille et père, s'éclairait à l'image d'un mirage dans le reflet de l'un des vitraux de la nef. Très proches, non loin du cercueil, têtes adhérentes, main dans la main, ils osaient affirmer un avenir qu'eux seuls partageraient dorénavant. Étrangement, cette proximité me fit revivre quelques situations bien étranges, oubliées ou refoulées. Caroline passait du temps avec Christophe. Elle s'asseyait sur ses genoux. Ils se tenaient main dans la main, à la maison, lors de sortie. Des bisous, comme sortis d'une pochette surprise, ne semblaient émouvoir personne. Je ne me mettais jamais vraiment interrogé sur ces situations affectueuses. La prière du Notre Père, récitée par le prêtre, dévoila mon égarement. Agacé, et étrangement rassuré, j'observais l'insolite de la situation. Je n'eus jamais les mots, prononcés par quiconque, qui certifieraient l'évidence sauf, ce jour de septembre.

Augustin, seul sur une chaise, à quelques pas de celle qui imposait la fin d'une pièce, jamais rejouée, se réservait l'exclusivité de la dernière parenté, du favori des amours partagés. Je fus triste pour lui. Il semblait seul.

Sans le montrer de manière ostentatoire, trop gênant dans une telle circonstance, ma proximité avec Judith suffisait à ma peine, paradoxalement à mon bonheur. Le léger corps à corps de nos jambes, un toucher affriolant, mobilisé entre pleurs et culpabilité, devant la dépouille de ma mère, préfigurait la future découverte d'un corps de femme. Je l'attendis longtemps. Cette sensation de mitoyenneté se réactualisa à mon grand regret le jour où Lola vint me rappeler Judith. Le souvenir m'infligea une pensée incestueuse désagréable, culpabilisante. Judith, sans le savoir, m'avait émoustillé pendant quelques minutes. La vision de la mort et le réveil de la libido fusionnèrent à l'instant même où le prêtre bénissait le cercueil, quelques minutes avant la quête.

Un autre saisissement comprima ma poitrine. Deux femmes, totalement inconnues, postées près de la porte d'entrée du cimetière, certifiaient que Martha, ma mère, vivait depuis toujours avec deux hommes. Ils étaient au moins quatre ou cinq à la maison. Alors ! Je crus entendre imparfaitement une autre révélation. Augustin et Judith fricotaient ensemble. Cela supposait quelque chose de non connu, du sexuel sous-entendu. Qui étaient ces deux personnes, vêtues de noir, annonciatrices du deuil éternel, qui démasquaient insidieusement à la lumière des secrets cachés dans l'obscurité ? Selon moi, elles soutenaient une erreur avec certitude et suffisance. L'idée de me renseigner sur ces messagères déconcertantes m'échappa autant le jour même que quelques jours après ces prédictions. Les propos révélés étaient-ils à entendre comme un avertissement non à sous-estimer ?

À cette minute, je recherchais un moment de solitude. Je m'extirpais du petit groupe resté près du cercueil descendu dans la fosse. Ce sarcophage, embaumé de fleurs, majoritairement des roses, exhibait, sans le vouloir, le dernier moment vivant de ma mère morte. Les amis, les anonymes obéissaient aux gestes de la dernière poignée de main. Je déposai délicatement la mienne, rose de couleur blanche, achetée avant d'entrer dans l'église. Le regret du dernier visuel apparut à la vue de la discrète photo de nous deux, les gerbes blanches la cachaient. Je l'avais placée délicatement sur la bière, au début de la cérémonie, sous le regard surpris des proches. Cette boîte allait être recouverte de la pierre tombale. J'allais revenir de temps en temps pour entretenir la dernière demeure de ma mère. L'enterrement, un sous terre, contrastait avec l'idée de l'envol de l'âme vers les cieux. Ce retrait, dernier au revoir intime à ma gardienne, fut contrarié par cette vivacité verbale.

Cette onde de mots s'amenuisait pour se terminer dans un calme douteux. Ces deux prophétesses savaient mon ignorance. Ce mutisme accompagna la douleur de l'exil définitif. Leurs regards en coin m'adressèrent une fausse pitié dérangeante. Leurs salutations de la tête furent mêlées à un trouble. Les paroles restaient enfermées au fond des gorges des salutations. Je n'avais pas consulté ces divinités pour obtenir une réponse à une demande qui n'en était pas une. Je les jugeai comme des commères qui se régalaient des potins, pensant tout de même au proverbe : « Il n'y a pas de fumée sans feu ».

Christophe, ami de jeunesse de Martha, frère de Judith, et père de Caroline, devint aussi le meilleur ami d'Augustin. C'était dans l'ordre des choses. Avaient-ils tous voulu me protéger ? Ni ma mère ni mon père ne prirent le temps de m'informer de cette particularité. Laquelle d'ailleurs ? Ce supposé vivre ensemble ne montrait pas toute la réalité sensible partagée entre les protagonistes. À mon insu, les tableaux de vie du musée familial et amical n'auraient été que des trompe-l'œil.

Mes parents, leurs amis, ma sœur ou plus précisément ma demi-sœur, que dire ! Le chamboulement survenu, je construisis une mythologie. Quelles idées pouvais-je me faire de tous ces personnages œuvrant dans mon pré carré ? La mort de ma mère, plus tard celle de mon père, les révélaient autres, presque des étrangers. Pourquoi pas des tartufes ! J'étais comme un ange déchu qui tombait du ciel. Cette disparition me confronta aux deuils de l'amour infantile sans pour autant affaiblir ma sensibilité éprouvée. Je ne voulais pas. Je ne pouvais pas. Le changement de perspectives pour regarder ces êtres avec qui j'avais inventé mon monde semblait impossible à entreprendre. J'avais confondu leurs évidences avec la mienne propre. C'était un réel inaliénable. Des résistances invisibles m'incitaient à croire à des mythes à réinventer. Ainsi, j'adoptais le jeu des apparences à l'insu de ma volonté.

Quelques jours plus tard, j'entrais au lycée, en seconde. Ma mère aurait pu être ma professeure de français. Elle apparaissait par magie devant le pupitre. Je l'apercevais de dos. Elle écrivait quelques phrases sur le tableau noir. Elle m'accompagnait lors de mes allées et venues au centre de documentation. Elle était partout sans que je le sache vraiment. Elle me motivait par cette énergie du feu follet. La raison, le sérieux du travail prirent le pas de l'engagement durant mon temps de lycéen. Je me suffisais à moi-même. Je le croyais. Je voulais me façonner à son image.

Avec le temps, je comprenais l'impact de ma mère. Elle avait été le moteur de ce bourdonnement général. Je la représentais trop comme la metteuse en scène de textes parfois inachevés. Cette exagération de ladite culture, partagée dans un bain de fêtes, reposait sur deux totems : création et liberté. Elle ensorcelait les poètes déambulant dans ce grand salon au son de sa lyre. Elle m'ensorcelait. Cette bande d'amis se retrouvait enkystée dans sa toile d'araignée tissée de la théâtralité, de la convivialité permanente. Je n'avais jamais supposé l'idée d'un amour libre ou d'un polyamour comme il est dit aujourd'hui. Cette nouvelle tendance, paix et amour, était d'actualité après l'arrivée de la mode hippie. Je ne remarquais rien. L'aurais-je supporté ?

Elle était mon exclusivité, ma fidèle. Je craignis de ne plus l'aimer comme je l'avais aimée, comme je l'avais trop aimée. Cette jeune femme, venant me communiquer une possible parenté, une cousine, vint réactualiser cette peur de m'écarter de la personne la plus chère. Caroline, Lola, je les regarde comme deux escrimeuses qui pouvaient me toucher avec la pointe de leur témoignage sur mon corps de cœur.

Quelques mois après l'inhumation de Martha, Christophe partit vivre seul en Thaïlande sans donner une adresse. Fuyait-il ? Selon l'assurance de Lola, il vécut ses dernières années avec une artiste brésilienne, à Buenos Aires. À la même période, Judith et Juan prirent la direction du sud de l'Espagne, sans un but précis. Juan, originaire de cette région, reprit son activité de musicien, plus spécifiquement, il joua et enseigna le Flamenco. Ma sœur, une vraie sœur au final, mariée, partit, peu de temps après le décès de notre mère, travailler au Québec, à Montréal. Judith, la mère de Lola, confrontée à un cancer en phase avancée, prit le temps de rappeler à Lola cette période, sans omettre une vérité cachée depuis toujours. Elle mourut peu de temps après.

Et voilà ! Augustin n'était pas mon père. Christophe, mon père ! Le ciel me tomba sur la tête. J'avais vécu des années à proximité de deux hommes qui ne manifestèrent aucune fibre paternelle. Aucun soupçon ! Aucune ressemblance marquante ! Ce public avisé répétait souvent ma ressemblance avec les yeux de ma mère. Cette surenchère, à elle seule, masquait le patrimoine génétique. Caroline, Judith, Juan, Christophe correspondaient assez régulièrement. À entendre Lola, je percevais la vie d'une famille, éparpillée sur tous les continents, sans moi, fils de Christophe. Ils ne s'étaient jamais quittés.

Pourquoi ne renseignèrent-ils pas mon non-père sur leurs nouveaux lieux de vie ?

Ce qui m'avait échappé me confronta au sens des mots : fidélité, regret, doute, manque, sincérité, séparation, mensonge, abandon... Je perdis confiance.

Le jour de mon anniversaire, trente ans, j'appris le succès inattendu d'Augustin, débutant sa cinquantaine. Un certain lectorat fit de lui un heureux nominé à un prix littéraire. Il écrivait selon toute évidence. Ma surprise fut grande. Je me confrontais à une vision surnaturelle. J'ignorais cette disposition à l'écriture. Je n'en croyais pas mes yeux. La presse dans son ensemble louait un talent survenu sur le tard. Je ne l'avais jamais vu noircir du papier, à la différence de ma mère et de quelques autres griffonnant leurs pensées. Elle annotait, à chaque instant de son bon vouloir, des feuilles volantes, des pages de cahier, des bouts de papier encore maculés de la sauce des derniers repas. Je ne questionnais jamais ces gestes qui faisaient une danse permanente au rythme des déclamations, des rires, des pleurs, et ce, accompagnée des senteurs des cigarettes que je respirais comme celles des lilas. Je vivais des moments d'extase qui imprimaient du permanent.

Ce fut un ébranlement de voir le nom de mon père sur la couverture du livre intitulé, – L'amante – . Il figurait auprès des grands auteurs du moment dans la vitrine de la librairie principale de la ville. Selon la quatrième page du livre, l'héroïne de ce roman, issue de la grande bourgeoisie provinciale, osait affronter les représentations de la famille traditionnelle. Cette posture n'était pas sans un combat personnel. L'amour ressenti pour deux hommes venait la confronter à ses propres résistances, à ses désirs, à ses préjugés.

Bandeau promotionnel, photo de lui, les encarts présentaient de belles critiques. Il apparaissait comme une star. Je voulus exprimer mon étonnement de le voir ainsi mis en valeur. Je découvrais son investissement à l'écriture. Elle le conduisait au succès. Mon ahurissement fut sans limite. Mon père se retirait journellement dans son bureau depuis la mort de Martha. Quinze années s'étaient écoulées. Les fêtes s'étaient raréfiées, ou bien, elles se terminaient dans une alcoolisation excessive, seul, avec quelques fidèles de l'époque enchantée, avec d'autres inconnus sans intérêt.

Prétextant la sortie du livre, le thème abordé, je provoquai un temps pour éclaircir ce qui demeurait, depuis mes huit et quinze ans, un tabou ou une contre-vérité ; Caroline, une demi-sœur ; ma mère partageant sa vie avec deux hommes. L'histoire du roman confirmait-elle celle de ma mère ? Je brusquai l'événement pour en avoir le cœur net. Je me mêlai les pinceaux dans mon phrasé. J'avançai des propos baignés d'émotions. Je diffusai des quiproquos dignes d'un névrosé. Cette bouillabaisse de l'oralité devait profiter à ma mère en qualité d'écrivant. À ma grande surprise, Augustin, sollicité par un appel téléphonique salvateur de son éditeur, rétorqua que l'auteur meurt, l'œuvre demeure. Il bafouilla des arguments. La mort met fin à l'existence humaine, l'œuvre est inachevée. Mallarmé éloignait l'auteur au profit de l'écriture. Valéry pour qui le recours à l'intériorité de l'auteur paraissait une superstition. Les tragédies grecques où les textes supposaient pour le lecteur de traduire des mots à sens double.

Voulait-il me noyer dans un flot d'idées martelées en quelques minutes, le temps de finir la dernière gorgée de café mélangée à la dose de cognac ? Mais de quel auteur, de quelle œuvre parlait-il ? À qui ce message était-il adressé ? Étrangement, nous en restâmes à cette conclusion, à cette conviction, à cette incompréhension jusqu'à la veille de sa disparition. Un pressentiment annonçait-il une fin de partie ?

La vie changea du tout au tout. D'une vie de bohème à une vie de bobo. La différence, entre ces deux styles, fut l'accès au monde matériel tout en défendant quelques relents de la marginalité. Je ne reconnaissais plus mon père. Sa transformation physique étonnait quiconque l'avait côtoyé les années d'avant. Chevelure éclaircie, plus vivant, plus dans le temps du narcissisme, plus égoïste, plus tranchant, plus vaniteux notamment lors des passages télévisuels. Devenu un homme aimé, soudainement adulé, convié malgré une production littéraire limitée, cet homme, mon père, vivait une seconde jeunesse. Il s'autorisait à vivre pleinement ses excès, notamment sexuels. S'éloignait-il de moi ? Avait-il été vraiment proche ?

Je m'étonnais de découvrir un nouveau personnage ; coupe de cheveux, tenues vestimentaires, discours volubiles, il s'insérait dans une société dite bourgeoise de gauche. Le succès lui était peut-être monté à la tête. Autre option, la vraie facette d'Augustin, trop longtemps effacée, présentait une personnalité éloignée de l'idée que je me faisais de lui.

Pendant quelques années, nous expérimentâmes la colocation ; chacun sa clé, chacun son rythme quotidien, des belles-mères d'un jour ou d'une nuit, des bonjours et des bonsoirs sans le câlin paternel. Je devenais un errant dans la vie, quêtant l'obole à mon père pour compléter ce que la société me versait chaque fin de mois.

Augustin investit dans un bel et grand appartement, proche du centre urbain, sans oublier la voiture neuve et toutes autres dépenses aux dépens de son désir et non de son besoin. Il se glorifiait d'aller dans les soirées mondaines, de traverser ses nuits dans les bras du dernier verre. Il rencontrait l'incontournable pour rester au top selon sa devise de l'époque. Tous les deux, nous acceptions un monde où le paraître préfigurait celui de la téléréalité. L'un comme l'autre, nous accentuâmes la consommation d'alcool, de joints, mais chacun sa vie. Moi, comme pour imiter l'artiste avec qui je vivais sans vraiment le connaître, j'expérimentais le sexe à deux, à trois, en groupe. Cette métamorphose enchantait la fête des soirs où nous improvisions, chacun à notre manière, la quête de la volupté. Lui, une habitude. Moi, l'exception de quelques soirs, quelques mois.

J'espérais m'exprimer à l'image d'un homme, m'affranchir de la timidité de mon intime. Je me trompais. Je me perdais. Tout demeurait artificiel. Ayant perdu ma virginité tardivement lors d'une improbable et désagréable rencontre provoquée par mon père, je vivais ces instants charnels comme une délivrance, voire comme un rattrapage suite aux refus du passé. Les lumières feutrées, les musiques rythmées annonciatrices du désir, les odeurs des jacuzzis, les instruments du plaisir, les bruitages des vertiges, les rencontres anonymes, la discrétion des identités en constituèrent l'ambiance des surprises libératrices qui survenaient, lors des déambulations, dans le noir des dédales. Je pense à Sade, pour qui, dans son œuvre, le plaisir remplace le bonheur, la vertu cède la place à l'égoïsme. Je n'étais pas non plus dans l'attente de la jouissance triomphante. Je ne me présentais pas comme ce libertin du roman qui s'enfermait dans une pratique étrange à ne pas dévoiler à quiconque, sauf l'inavouable à Dieu.

Effectivement, je ne pouvais ni décrire les détails érotiques ni les situations extraordinaires. Je regardais le plus souvent ces hommes et femmes entrelacés, en groupe, en couple, ouvert aux bruits des ressentis, comme un novice voyeur assez coincé dans l'expression de son corps. Je ne peux en dire plus, hormis la monotonie du répétitif de l'acte sexuel sans le quelconque sentiment. L'attitude libertine semblait prôner un respect, une discrétion. Hélène connaissait cette étape de mon émancipation, plus exactement d'initiation timide. Des rencontres rares en vérité, plutôt observateur qu'acteur. Je ne regrette rien. Dans notre couple, la tendresse des mots et des idées l'emporte sur l'ivresse corporelle. Nous nous en arrangeons en accentuant la douceur et la complicité des amants.

Ce samedi, un temps pluvieux arrosait le premier jour de l'automne. Mon père m'avait prié d'être présent à la dédicace du deuxième livre tant attendu, cinq ans après son premier succès. L'un de ces temps forts était programmé à la librairie Le perchoir. Les lecteurs, empressés de se mettre au sec, arrivèrent en nombre assez rapidement. Mon père et le responsable discutaient avec plaisir et engouement sur des sujets échappant à la plupart des lecteurs. L'attente de la presse retarda la présentation de l'écrivain. La salle, affectée aux rencontres d'auteurs, se montrait parfaitement décorée. La sono, deux projecteurs ; l'un à sa gauche, l'autre à sa droite, le mirent en valeur dès les premiers échanges avec les participants. Il semblait heureux et libéré. Son narcissisme flamboyait dès les éclairages braqués sur lui. J'étais légèrement en recul, à la fois admiratif et suspicieux. Après une demi-heure de partage, l'étape des signatures démarra dans une ambiance acquise.

Je l'aperçus soudainement se figer. Son regard devint hagard. Faciès blême, confondu avec la lumière des projecteurs, son corps ne semblait plus répondre aux stimuli. Ses yeux fixaient un vide incommensurable. Un filet de bave dégoulinait au coin gauche de la lèvre inférieure. Il s'affaissa comme une masse compacte sur la nappe bleue entraînant un bruit sec qui fit sursauter les plus proches. Son stylo glissa sur la page prête à accueillir les mots flatteurs d'un autographe. Déséquilibrée, la plante verte l'accompagna dans cette chute. Elle perdit quelques-unes de ses plus belles feuilles. La mort brutale demeura masquée par le tapage des discussions qui disaient des choses bien différentes. Aux cris de quelques-uns, entre l'étonnement et la recherche du quoi de l'événement, l'assemblée se tut à l'image d'une coupure du courant qui interrompt brutalement l'éclairé en noir inquiétant. Un silence régna quelques secondes.

L'une des Parque, encore elle, venait d'exécuter sans pitié les ordres du Destin. L'invitation impérative se lisait entre le terrible de la tragédie et l'amusement de la comédie. La sentence du fatum s'imposa brutalement à quinze heures précises. Zeus n'intercéda pas un seul instant en faveur de cet écrivain aux portes d'une seconde gloire. Augustin ne survécut pas à un accident cardio-vasculaire. C'en était fini des applaudissements. La légende de la mort de Molière sur scène à la fin de la quatrième représentation de la pièce – Le malade imaginaire –, vint à mon esprit. Je transformais le titre en – L'auteur imaginaire –. J'hésitais encore à admettre la sincérité de mon père s'exposant écrivain.

Étrangement, mon émotion fut neutre, un peu ému pour être sincère. J'avais l'impression de me libérer d'un personnage qui refusait mon existence à ses yeux. J'accompagnais toutes les personnes qui prirent en charge le défunt. Pendant quelques heures, quelques jours, cette réalité d'un départ brutal m'attristait, car je devais faire face à une nouveauté imprévue. En même temps, il m'était difficile d'afficher un désarroi en lien avec cette perte. Je m'en étonnais.

Qu'allait-il écrire, à cette seconde même du drame, pour satisfaire cette lectrice qui s'évanouit dans le bras de l'homme posté derrière elle ? Je m'approchai de la table dédiée aux signatures. Je récupérai en toute discrétion ce livre abandonné. Je le garde encore. Il était encré de ce début, A Isa, le b amputé de moitié. La presse locale s'empressa de titrer : La mort en direct d'un auteur. Elle encensa un homme connu sur le tard, pas assez présent sur la scène du livre, trop vite parti rejoindre le monde des mots.

Je me rappelai, à la sortie du premier roman, cette Une écrite dans une revue : Livre formidable qui aurait pu être écrit par une femme. J'admis cette remarque, pensant plus précisément à ma mère. Mon père me surprenait en prenant ce risque d'édition. Quelle idée particulière ! Mais là, quelle sortie de scène ! Les ventes firent un bond extraordinaire, comme un effet boursier. En qualité d'héritier exclusif, selon ses volontés, je perçus des royalties à la reddition des comptes. Ce fut une aubaine financière pour moi, le désargenté.

La veille, il m'avait invité à partager un repas dans un restaurant très chic, lieu du gotha, à la décoration contemporaine. Les représentants des arts et de la culture se liaient au monde politique, et vice versa. Comme à l'habitude, j'arrivais plus tôt, prétextant une manière de satisfaire ma curiosité. Pendant l'attente, j'observais ce lieu inaccessible à ma bourse. Je m'inventais un rôle afin que chaque observateur puisse en définir un statut flatteur de fils de. J'hésitais entre la fierté de m'afficher dans ce monde et l'excès du paraître, voire du mensonge que j'attribuais à mon père. L'espace dédié pour satisfaire ce dîner semblait prédestiné aux rencontres anonymes.

Je supposais qu'il avait réservé ce petit salon, fenêtre donnant côté du parc, afin de garantir la confidentialité. Bien au contraire, le verbiage sans intérêt assaisonna tous les plats retenus sur le menu gastronomique. Il n'afficha ni la disponibilité ni l'intention à prendre du temps au dévoilement qui donnerait sens. Il mangeait avec la jouissance du gourmet. Il manifestait un réel plaisir. Il se souciait peu des desiderata de son fils. J'étais disponible pour entendre quelques révélations familiales, plus particulièrement la vie amoureuse de ma mère, ou ce destin d'auteur. Encore une fois, la contrainte annoncée d'aller au cinéma, avec une amie, à la deuxième séance du soir, vint contrarier mon attente. J'allais habiter pour toujours l'étrangeté. Ces signes provoquaient mon expectative. Je me soumettais aux malentendus, aux désillusions. Je frôlais la limite délirante.

Mon père décédé, je n'avais plus de référent sur qui espérer une narration équilibrante, pour me penser un descendant. Lors de la fermeture du cercueil, j'observais un corps rigide qui emportait ses secrets, ses non-dits. À ce visage blafard, enregistré au dernier au revoir, j'hésitais à formuler le titre de papa.

La sensibilité se manifeste de manière étrange, souvent à des instants anodins, presque divins. Un homme vint à ma rencontre, là encore, à la sortie du cimentière. Il se présenta comme un compagnon de classe de mon père. Les deux avaient coexisté dans un foyer hébergeant des enfants abandonnés dès leur plus jeune âge. Ils ne s'étaient jamais revus. L'information, relatant le décès de l'écrivain, l'avait motivé à venir faire un adieu à ce pote d'un ancien temps.

Trop introverti, son seul renseignement, imbibé d'une vieille émotion, un bla-bla de quelques minutes, se focalisa sur les bagarres de polochons dans les dortoirs. À l'exemple de ce personnage arrivé de nulle part, rien ne permettait à mon père de narrer une histoire familiale. La seule certitude confirmait son statut d'enfant orphelin. Cette vérité me fut signalée lors de mes interrogations sur l'absence des grands-parents paternels. « Ton père est un enfant de la DASS ». Le résumé de son livret de famille se limita à cette phrase.

Ce jour-là, l'irruption de ce compagnon de route m'obligea à repenser ma relation, ma compréhension. Les mots de la commedia n'existaient pas dans ce non-vivant. Son arbre généalogique ne reposait sur aucune racine, encore moins sur l'idée d'un lieu à explorer, là où une graine aurait poussé de terre. Sa vie au sein de cette institution, il la garda pour lui. Quelqu'un l'avait-il interrogé ? Je le croyais au plus profond de moi. Mais qui ? Christophe, Judith, Martha, et les autres ! Je pensai au traumatisme du bébé délaissé. Je le supposai ainsi, tout en cachant ma tendresse chagrine de ne pas l'avoir interrogé à ce sujet. Se présenter, vivre, exprimer des émotions de guide paternel devait lui sembler délicat. Je l'excusai timidement. Il fut trop fuyant. J'attendais un regard de papa, moins amical, plus enveloppant, moins distant, plus aimant, moins indifférent.

Ces deux êtres m'abandonnèrent trop brutalement. Les vérités de leur mort devinrent scandaleuses. J'étais devenu moi-même un esseulé, une première fois à quinze ans, une nouvelle fois à trente-cinq ans. Dans ce grand théâtre des humanités, il me fallut me construire au moyen de la raison. Je demeurerais dans le monde accompli par le chemin du doute. J'admettais au fur et à mesure le handicap à vivre dans la communauté qui s'arrangeait des idées des lumières. Les propositions favorables au progrès post-libéral, la soumission aux valeurs des biens pensants, la morale culpabilisante au service de l'économie et de la consommation déstabilisaient mes pas. Je suis vraiment différent. Je ne ressemble pas à ces volontaires de la réussite, tournant inlassablement la roue de la fortune pour se procurer des plaisirs, des plus vulgaires aux plus envoûtants. Certains, comme des hamsters, courent sans repos éternellement sur leurs roues. D'autres, comme des renards, jouent le mort pour mieux se servir dans le poulailler.

Mon ancrage tenait au ponton des rêveurs. La corde pouvait lâcher pour m'emmener en pleine mer à la recherche d'une île flottante, seul, sans une horde sanguinaire. Le livre – Sa Majesté des mouches – m'avait trop ému en son temps. Je ne m'identifiais pas à Simon, l'enfant courageux, sage, sacrifié lors d'une fête orgiaque sur l'autel des superstitions qu'il voulait détruire et apporter la vérité. Moi, je tenais à l'originalité de ma personnalité, sans un autre engagement, sans une velléité de sauveur du monde. Le destin me contraignait à devenir un adulte. Ce mot parut ignoré de tout temps, absent de mon dico, sans lien avec mon cosmos.

J'avais retenu la phrase de Saint-Paul ; « ... Lorsque j'étais enfant, je parlais en enfant, je pensais en enfant, je raisonnais en enfant, lorsque je suis devenu homme, j'ai laissé là ce qui était de l'enfant... ». Quelque part, je demeurais l'Antoine de mon enfance. Adulte, pensais-je en adulte ? Raisonnais-je en adulte ? Je n'avais rien laissé de l'enfant en moi.

Étrangement, la messagère Lola proposait de réécrire l'histoire.

Christophe et Martha, amis de longue date, de toujours, vécurent un moment de complicité amoureuse. La naissance de Caroline signa la fin de cette entente, mais pas l'amitié durable. Augustin arriva dans ce groupe naissant deux ans plus tard. Christophe et lui s'étaient rencontrés dans un festival de théâtre amateur. Ce monde enchanteur annonça un coup de foudre d'acteur en quête de reconnaissance.

Martha et Augustin signèrent l'enchantement rapide du grand amour, marqué d'une blessure chez Augustin. Il apprit tardivement son infertilité due à une anomalie des chromosomes. Martha éprouvait un très fort désir d'enfant, Christophe fut le géniteur. L'accord, considéré comme un pacte secret, entre eux trois, prévoyait que

Christophe n'assumerait jamais le rôle de père. Tout semblait cadré, banal, logique. Tout était dit. Tout tenait en quelques phrases. Et moi, issu d'un spermatozoïde contractuel et d'un ovule dévoreur, qui me pensait !

Cette annonce me parut irréaliste, cependant, tout devenait possible au vu du fonctionnement de ce groupe. Le sacré tel que je le projetais à l'époque l'emportait sur les imperfections. Je pense à l'adage : « Entre amis, tout est commun ». Au-delà de cette irruption d'idée, il m'était difficile d'accepter d'être le résultat d'une telle largesse d'esprit. Une analyse ADN demeurait impossible. Je devais, à nouveau, me tirer du néant. La franchise m'affola au point de vivre, les jours d'après, la sidération, le vide, le tout en même temps.

Devais-je accorder ma confiance à Lola, repartie trop vite, sans fournir une adresse ? Elle me certifia, aux dires de sa mère, qu'ils attendaient ma majorité pour m'en informer. Pourquoi attendre si longtemps ? La soixantaine passée, un principe de réalité venait me percuter frontalement.

Plus encore, Lola certifia qu'Augustin était l'auteur des deux livres à succès. Judith lui avait confié son côté romancier, enjolivant son coup de patte de la narration. Elle ne fut pas surprise de le découvrir sur les couvertures des journaux. En lisant – L'amante –, elle retrouvait le style provocateur d'Augustin. Au contraire, Martha prônait l'écriture parlée. Elle l'imposait sous la forme d'atelier. Elle s'appuyait sur la lettre VII dans le Phèdre où Platon se livre à une critique radicale de l'écrit. Il fait dire à Socrate que l'écriture prétend établir en dehors de l'esprit ce qui ne peut être en réalité que dans l'esprit. Elle accentuait en affirmant que la véritable pensée existe seulement dans des situations d'échanges entre les personnes.

C'était quoi alors ces feuilles brandies comme un meneur de grève qui, bras tendu vers le ciel, déclame son trac de revendication ! J'avais tout sur interprété. Selon sa conviction, l'écriture parlée préparait à l'improvisation théâtrale. Elle proposait un mot, une image, une description, une situation, un rôle, ou toute autre aventure de l'esprit. Chacun s'appropriait la liberté du mouvement et du débat.

Cette situation me rappelait le vacarme que je confondis probablement avec une vision d'un vivre ensemble où la musique, le bruit, les intonations s'accordaient pour construire une influence amicale. En fait, Martha pouvait être intransigeante, assez rigide, un leader délicat à remettre en cause. Elle décidait pour les autres. Avait-elle imposé cette grossesse à Augustin et à Christophe ? Il n'était pas impossible que sa mort libérât Augustin, Christophe, Judith et les autres de la bande. Je pensais que Lola était une envoyée de ces deux femmes qui, à la sortie du cimetière, représentait, par leurs tenues et leurs regards, la mort de mon rêve.

Ce réel mélangé aux fantômes de tous ces êtres me déstabilisa profondément. Je voyais, je vivais le monde de l'illusion. J'avais besoin de ce tour de prestidigitation qui consistait à faire croire à mon pouvoir d'écriture pour me situer à la frontière du réel et de la folie.

Pêle-mêle, j'identifie les premières pages d'un roman familial. J'écris les suivantes sans m'apercevoir de mon rôle d'auteur. Le secret, le mensonge, l'imposture dessinaient des pans de la Commedia des ratés. Tous en firent pour ainsi dire un art de vie. Je paraissais insuffisamment armé psychologiquement pour descendre dans l'arène de la dualité : fort ou faible, puissant ou soumis, séducteur ou effacé, opinion affirmée ou sourire du timide, jeu des coudes ou strapontin de fortune.

Hélène s'arrêta pour reprendre sa respiration. Les annonces perturbaient les incertitudes d'Antoine. Ses yeux d'enfant se cachaient du trop des ouvertures des paupières. Les malveillances du langage l'étourdissaient au point de perdre son alphabet. Il protégeait au mieux son innocence. Il frôla le plus souvent les phénomènes hallucinatoires. Il croyait que ce qu'il percevait de la vie des adultes était la vraisemblance. Il cohabita le plus souvent avec le manque du souci paternel, la perte brutale d'une épaule. Une présence rassurante servait de caution pour trouver une tranquillité. Leurs lectures offraient un miroir qui renvoyait, non pas uniquement l'image d'eux, mais une croyance en l'assisse culturelle qui éloigne l'idée du mal. Leurs bavardages cultivaient l'énigme de l'existence. Cette ambiance le sauvegardait de la folie. Elle le rassurait sur la nature humaine. Il tentait de croire en un monde enchanté.

Alicia et elle, elles vécurent une vie conformiste. Le quotidien, la simplicité, le dévouement l'emportaient sur les grandes excitations de la créativité. Ce n'était pas la survie au jour le jour, cependant, la prudence rendait la vie plus légère. Le calcul entre recette et dépense justifiait l'ensemble des décisions. Toutefois, la joie était là, non celle de l'explosion festive, mais celle d'un bien-être sans une grande ambition.

Sa maman lui raconta cette aventure d'un soir avec un homme dont elle ne discerna que le prénom, Frédérique. Ce beau marin de l'ouest de la France repartait le surlendemain en mer. Il lui demanda son adresse, au cas où. Elle ne le revit jamais. Ce hasard correspondait à son projet d'émancipation. Le grand-père maternel œuvra, par sa disponibilité éducative et affective, à combler l'absence de père. La vie continua ainsi. Le calendrier déroulait un quotidien qui confirmait une évidence de classe. Baccalauréat littéraire en poche, échec à la fin de la deuxième année universitaire, son objectif de vie dut être redéfini au plus vite. Elle ne revendiqua aucune injustice. Les deux derniers étés, elle avait travaillé dans la librairie reconnue comme une institution locale incontournable. L'emploi de vendeuse suffit à son bonheur. Cette fonction, elle l'apprit sur le bout des doigts. Elle était fière de son parcours. Les livres lui délivraient gratuitement l'idée d'une doctorante en littérature.

Ces chers disparurent selon la bonne volonté de la vieillesse. Ils manquaient indéniablement. Elle relut la phrase de Saint Paul.

Aurait-elle voulu partager sa vie avec un homme plus actif, plus décideur, plus viril ? Elle ne savait pas. Elle s'accordait une forme d'indépendance et de tranquillité, tout en maternant un grand enfant.

Pourquoi pensait-elle maintenant si souvent à Jacques ? Bref constat !

Ce lundi matin, peu de temps après le passage des infirmières, le chant d'amour d'un merle interrompit le va-et-vient de mes pensées. L'engourdissement du corps contrariait ma volonté de légèreté. Ce n'était pas sans rappeler une période désagréable. Trois ans après le départ de Martha, le bac en poche, je m'égarai mentalement au moment de m'asseoir à la table des avenirs, celle où s'afficheraient tous les destins possibles. Je recherchai une table d'orientation permettant de lire les lignes de ma vie. Je fus shooté aux antidépresseurs, aux anxiolytiques, un mois d'hospitalisation, quelques kilos en plus, des semaines de rendez-vous réguliers chez le neuropsychiatre. Je faisais une psychothérapie tout en démarrant les études de lettres.

Quelle étrange expression !

Je me surpris à imaginer l'idée suivante ; l'une des glandes salivaires sous-maxillaires présentait une inflammation ou une infection conduisant inéluctablement à une ablation. Une autre option, tout autant décalée, s'intercala à ce premier sous-entendu. J'avais probablement pris une cuite la veille suivie d'un état comateux. Le mot cuite ne convenait pas à mon langage. Un excès de bons vins était plus exact, plus approprié à la culture des arts de la table, à la dégustation familiale. Les adultes prirent la coutume de boire de grands crus le dimanche. Ils se déclaraient les aristocrates de l'enivrement, des descendants des dieux du vin, vénérant Bacchus ou Dionysos. Cette habitude venait contrebalancer la diététique du corps pur. Tous levaient le verre, moi compris, remerciant la mythologie grecque et latine. Ils se souhaitaient la bonne santé à l'instar du renouvellement des vœux en début d'année. Avec Hélène, nous reproduisons cette célébration avec plus de modération.

Dans mon for intérieur, pour contrarier les pensées de cet intermède, je présumai que mes loufoques suppositions étaient un tour de main de ma facétie. Le pourquoi de l'alitement n'échappait pas à ma conscience, aussi désagréable pouvait-il l'être ! J'avais chaud. J'admettais ne pas en dire plus à quiconque viendrait m'interroger. Je pensais au black-out. Je me sentais pitoyable. L'intenable m'entraînait dans l'enfer des imposteurs. Instinctivement, après humé un parfum rappelant la vanille, je me retournai, hypnotisé par la lumière pénétrante, vers le côté opposé à la baie. Je pleurai. J'attendis.

Fin de cette première matinée, je remarquai la présence de deux personnes, discrètes, étourdissantes par l'effet de la surprise. Aucun bruit pour m'avertir, irrité à la seconde même, je me sentis épié. J'acceptai la certitude de les regarder sans pourtant être sûr que je les voyais. Pour m'extraire de cette ambivalence, je m'intéressai à l'observation des détails. Proches l'une de l'autre, vêtues de blouses blanches, téléphones dépassant les poches, elles se tenaient debout à ma droite. L'homme, la bonne cinquantaine, débonnaire, lunette tombante. La femme, plus jeune, sérieuse, un calepin à la main, prête à prendre des notes.

Depuis quand m'observaient-ils ? Les prunelles de leurs yeux s'adoucissaient à chaque va-et-vient de leurs têtes. L'une était dégarnie, l'autre s'exhibait avec une belle chevelure noire et frisée qui, à l'instant même, rappelait Juliette. Ces mouvements réalisés comme une danse à deux semblaient indiquer que tout allait bien de leur côté. Ils regardaient subrepticement un support administratif que le docteur tenait à la main gauche. À l'exemple d'une pause photographique, ils me regardaient de manière amicale. Ils m'observaient attentivement. Ces quelques secondes me parurent longues, trop soutenues. Pour ne pas rester centré sur le désagrément subi, je me redressai afin de libérer mon corps de l'enveloppement du drap. Je craignais l'autorité du jugement de ces deux experts. Chercheraient-ils la bonne manière pour m'interroger sur une problématique comportementale concernant mon cas personnel ?

Depuis le collège, quand je me ressens dans une position de dominé, je me décontenance aux moindres regards soupçonneux ou trop appuyés. À ma défense, j'utilise un vocabulaire courant. Je construis des arguments. J'ai le sens de l'analyse comme tout bon professeur de français. Néanmoins, les propos semblent le plus souvent faire défaut à la compréhension de l'autre. Je me confronte à l'image que les autres peuvent avoir de moi. Je perds confiance.

Étiqueté de temps en temps comme un cas à part, je proviens à coup sûr de la galaxie de la supra-sensibilité. Les moindres cillements des paupières, ou encore, les rictus faciaux des interlocuteurs accentuent l'hésitation de ma parole. Malgré les années passées à la maîtrise de la phraséologie, ces haut-le-corps particuliers m'empêchent de rejoindre le plus souvent la rive du destinataire. Cette forme de préverbal confirme une différence difficile à appréhender, à nommer.

Rien de tel ne fut au chemin de la Croix Verte. Mon corps, mes pensées étaient à l'unisson, du moins, je le crus longtemps.

Je pensais que le diagnostic à venir annoncerait une personnalité compliquée à cerner. J'étais là, je le savais bien, à cause d'une supercherie de ma part. Je risquais, involontairement, d'énoncer des idées difficiles à traduire dans la logique courante. Je manquais de marmonner sans aucune maîtrise un autre jargon. Les amusements familiaux m'avaient détourné, le temps de l'élucubration, du sens du langage verbal. La famille délirait en optant pour un bagou délicat à déchiffrer par autrui. Des petites improvisations, des saynètes théâtrales, des onomatopées chantantes se confondaient avec l'aboiement d'Aristote. Le chien ne supportait pas la folie du moment. C'était coutumier dans ce cercle de se lancer ces défis d'échauffement. Ils se marraient comme ces ados d'aujourd'hui qui regardent des séries américaines. Les participants l'admettaient comme un exercice d'articulation, à savoir ; « muscler son masque facial ». Moi, je le considérais comme la pratique d'un langage corporel, non un travail pour une bonne élocution. J'adorais la musicalité des mots, articulés et désarticulés, accompagnés de la sonorité des voix chantantes. L'ensemble m'invitait à une danse imprévisible. Je la vivais, accaparé par la joie. L'ambiance créée ressemblait à une catharsis. Elle libérait les tensions, les excitations, et sans les identifier, les angoisses.

Autre supposition dans l'immédiat, ils allaient m'examiner comme un cas d'école, un cobaye, un être étrange. Ils s'intéresseraient à l'histoire de la maladie. Quelle que soit l'évaluation ; névrosé, psychotique, borderline, bipolaire, états limites ou toute autre maladie inscrite dans la nosographie, le verdict risquait de m'enfermer dans un non-retour. Je ne voulais rien de cela. Il suffisait de dire la vérité.

Mais quelle vérité ? Le trop tard apparaissait à ma vue comme le signal d'un interdit. J'avais profité d'un manuscrit écrit par ma mère, par mon père. Je ne le savais pas. Je ne savais plus. Trop tard, le livre était sorti depuis peu dans les librairies. Plus exactement, il pouvait être commandé par certaines librairies. C'est différent, la visibilité de l'auteur opère selon la chance, le hasard des promotions sur des circuits différents. Mon père n'était pas mon père. Pourquoi Lola étais-tu venue me bouleverser à ce point ? La dissimulation devenait insupportable.

Le premier internement dans cette même clinique, séjour délicat et incontournable, marqua le changement de ma destinée professionnelle. Je fus immobilisé pendant quatre semaines. Je me libérai au mieux d'une dépression nerveuse ou d'une névrose d'angoisse. Je ne me souviens plus du retour des professionnels de santé. Par contre, la prise médicamenteuse chambarda la vie quotidienne. Je combattais la survivance du néant en moi. L'avenir s'assombrissait malgré les bonnes intentions. Il sollicitait le devenir. Je devais m'insérer socialement. Les rues, les trains, la foule coupaient ma respiration. J'imaginais la crise cardiaque, voire la mort qui s'en suit. La fêlure psychique pouvait me rendre invalide le reste de mes jours.

Nietzche : « ... il faut avoir du chaos en soi pour enfanter une étoile dansante... ». L'étoile dansante fut Hélène.

Brillant dans les études, angoissé et isolé socialement, je me raccrochai au regard de ma mère qu'elle aurait pu porter sur moi durant cette adversité. Je suspendis temporairement ma mission, débutée depuis peu, de professeur. Malgré quelques tentatives, à bout de souffle, j'arrêtai définitivement l'enseignement. Martha n'était plus là pour me faire admettre que moi seul connaissais mon chemin. Je quêtais les derniers temps de sa vie, ce qui se rapportait à elle. Elle représentait tout dans ma vie.

Je souhaitais au plus profond de moi poursuivre ses traces de professeure compétente, engagée, dévouée à ses élèves. Elle était titulaire de l'agrégation, moi du CAPES. Ce fut un déchirement d'admettre cet abandon de la convention familiale. Mon ambition n'était plus à la hauteur de ces pédagogues et enseignants. Martha, Christophe, Eugène, je les déshonorais. Je cherchais à comprendre le blocage au professorat. Existait-il une rivalité impossible avec ma mère ? Étais-je soumis à un sentiment d'infériorité permanent ? L'attachement fusionnel de l'enfant en moi ne m'autorisait peut-être pas à grandir ! La honte m'accompagna jusqu'au salut de la rencontre avec Hélène.

Mon parcours professionnel fut d'être auprès de mon père. Malgré un contrat de travail écrit en bonne et due forme, je devenais financièrement et matériellement dépendant de lui. Augustin, qualifié de menuisier ébéniste, achetait, restaurait, vendait des meubles depuis des années. Il s'était désigné brocanteur dès sa rencontre avec Martha. Pendant cette période instable, je ponçai les meubles. Je les encaustiquai. Je préparai les commandes. Les tâches demeuraient simples. Je retrouvais les odeurs senties lors de mes glissades dans le grand salon encombré de mobiliers, de livres, de revues.

Peu de temps après le départ de Martha, il prit une nouvelle orientation. L'activité de bouquiniste le combla durant quelques années. De tout temps, ce lecteur assidu rêvait d'une activité semblable à celle d'un libraire. Ce n'était pas une lubie de reconversion. Je fus l'assistant obéissant, sous tutelle en quelque sorte. Il vendait des romans, des biographies, des essais, des pièces de théâtre. Il réhabilitait une autre forme d'art. Le marché s'annonçait porteur. La nouvelle activité – achats/ventes d'occasion – avait un public. Un local à l'angle d'une rue passante, le bouche à oreilles, une demande de plus en plus forte, le succès transforma l'énergie de cet homme probablement trop canalisée par l'effet du groupe ou plus exactement par l'exigence et l'impératif de ma mère. Mon père devint une référence pour qui se présentait en quête du livre introuvable ou incontournable. Il semblait heureux.

Je maîtrisais l'ordonnancement sur les étagères adossées aux murs ou bien sur les étals placées au centre du magasin. Je mémorisais sans difficulté les titres des livres exposés ou camouflés çà et là. Le reste m'intéressait peu malgré les bonnes intentions de mon superviseur. Nous devions vivre longtemps ensemble. Le quotidien ne supposait pas une urgence à intégrer les règles administratives de la profession, encore moins à me conformer aux réflexes numériques. Mon plaisir s'élevait à la moindre découverte des lectures. En qualité de lecteur, ne devenais-je pas auteur, thème longtemps débattu avec Hélène ! C'était suffisant pour enrichir mon présent. Le dépôt accolé à la boutique se subsistait au jardin de mon enfance. Le tabouret à trois pieds, sans comparaison au niveau du confort, servait de cosy, non pour observer les astres, mais pour m'octroyer des instants de silence, avec et parmi les partitions musicales des mots.

J'approfondis pendant des heures – À la recherche du temps perdu – de Proust. Cette œuvre défile l'histoire d'un narrateur qui dans - Le temps retrouvé – devient écrivain du livre que le lecteur est en train de lire depuis – Du côté de chez Swann –. Pour être honnête, ma rencontre avec Marc, proustien de cœur, m'avait incité à découvrir, avec patience et persévérance, ces milliers de pages.

Étrangement, Marc s'accordait du temps avec moi. Il venait feuilleter les dernières trouvailles, celles que mon père dénichait çà et là. Ses passages s'étaient distanciés au fur et à mesure du temps sans que je sache le trop du pourquoi. Nos rencontres ne me permettaient pas de penser comme Diogène : « Ô mes amis, il n'y a nul ami ». Toutefois, rien n'indiquait que nous allions devenir des copains.

Marc me parlait, avec toute la pédagogie nécessaire, de l'envoûtement proustien qui articulait un monde éblouissant et cruel. Proust serait un historien de l'art, un psychologue, un moraliste lié au monde réel. Le monde diverge encore sur cette classification. Plutôt catalogué à droite, il m'apprit qu'il fut redécouvert tardivement par une élite de gauche grâce au philosophe Deleuze et à Bataille. Du conformiste annoncé de droite, il devint l'intellectuel incontournable.

Pourquoi cet auteur plus qu'un autre ? Je ne le lui demandai jamais. Marc m'accompagna à apprécier cet avant-gardiste. Il m'incita à approfondir ce précurseur du questionnement des lieux de mémoire. Le rapport au temps, le monde intérieur, la vieillesse, la pathologie de l'amour, l'homosexualité masculine et féminine, la jalousie, le deuil, et bien d'autres thèmes en constituaient son retour d'expérience à la lecture de cette œuvre.

Je découvris un monde étrange, passionnant, là où le narrateur s'emploie à une volonté de saisir la réalité. Citons pêle-mêle ; la chambre de Combray et l'éveil des sens ; Françoise, la servante ; Charles Swann et sa passion pour Odette de Crécy, femme facile et pas très intelligente ; le salon des Verdurin pour les échanges et la musique ; l'écrivain Bergotte ; Vinteuil et la musique ; Elstir et la peinture ; Charlus qui voit ce que les autres ne voient pas, son amant Morel ; l'ambassadeur, Monsieur de Norpois ; Robert de Saint Loup, homme de caractère, sa maîtresse Rachel ; Albertine et la jalousie du narrateur ; Gisèle et les jeunes filles en fleurs ; Albert Bloch, l'insolent et camarade du narrateur ; Oriane de Guermantes, esprit brillant pouvant se montrer très critique...

Chaque nom ou prénom soulignait une vie surprenante. Ce monde clos vivait les retrouvailles, recherchées ou surjouées. Les esprits s'exprimaient à cœur joie. L'imprévisibilité de leurs actes pouvait les montrer fourbes, calculateurs, menteurs, ironiques. Les situations des personnages démontraient la fin de l'aristocratie au profit de la naissance de la bourgeoisie. Dans un contexte, chacun se prononçait pour Dreyfus ou s'affichait antidreyfusard.

Et la vie avançait, et la mort se présentait.

À mon grand étonnement, au troisième jour de l'hospitalisation, Marc me rendit visite, comme un proche le ferait malgré une certaine absence sans motif. Quelle stupéfaction ! Le voir assis dans un fauteuil roulant.

— Bonjour Antoine, nous voilà tous les deux dans de beaux draps. Ton malaise m'a surpris autant que ta diatribe.

Quelle ironie !

— Que s'est-il passé pour toi ? Oubliant ma propre présence en psychiatrie.

L'accident remontait à deux années. Un laboratoire avait organisé un congrès médical dans le centre de la France. Il rentrait en voiture, tardivement dans la nuit, ravi de son séjour. Traversant une zone boisée, il heurta frontalement une colonie de sangliers. Le choc fut violent. Isolé, les secours tardèrent. Trois semaines de coma.

Sa vie d'homme valide s'arrêta ce soir-là. Je le sentis nerveux au moment de cet aveu. Il dénombra les multiples interventions chirurgicales. Il insista sur les semaines de rééducation. Malheureusement, le bilan confirma un handicap physique majeur : paralysé des jambes.

Cette version accidentelle était connue de tous : sa femme, sa famille, ses patients, ses amis. Ils ignoraient une autre histoire. Il avait une double vie avec une femme médecin, plus jeune, célibataire, travaillant dans une clinique privée, dans une autre ville, pas très loin, et ce, depuis cinq ans, âge de leur fille Amandine. Un secret tenait tête aux peurs d'être découvert et jugé. Il me parla de la milliseconde où la vie bascule pour le pire ou le meilleur. J'entendis des sanglots lointains et asséchés. Ils étaient retenus au fonds des douleurs et des regrets.

Ce jour-là, Romane et Amandine rentrèrent par le train. Comme souvent, ils profitaient des séminaires, des congrès, pour s'échapper à deux, ou avec Amandine. Toutefois, il aimait également sa femme, Louise. Pour autant, il était tombé sous le charme et le charisme de cette chirurgienne. Il ne voulut jamais remettre en cause une situation équilibrante, ce que certains considéreraient, à juste titre, comme un mensonge, une malhonnêteté. Plus exactement, Romane, au fort caractère, refusait une vie de couple. Reconnue dans son domaine qui l'occupait beaucoup professionnellement, totalement indépendante, équilibrée, elle s'en tenait à cette disposition.

Romane désirait un enfant, garçon ou fille, et ce, avec lui. Ils s'aimaient. L'un comme l'autre repoussait l'idée d'un engagement sur le long terme. L'arrivée d'Amandine était attendue comme une fête. Cette petite fille appréhendait de plus en plus la situation d'un papa rarement présent à la maison. Grandissante, elle téléphonait régulièrement. Elle exprimait de plus en plus des attentes, des envies. Des demandes compréhensibles pour elles, des artifices difficiles à gérer pour lui.

Ce coup du sort fut une épreuve délicate. Il la traversa comme une punition. Le verdict le soumit au rappel de ce qui ne sera plus comme avant. La contrainte de supporter ses cicatrices le mit dans la situation de patient, et non plus de médecin qui écoute celles de ses patients. Le plus difficile était d'accepter une mobilité plus limitée, de se confronter aux renoncements dans sa vie quotidienne. Ces prises de conscience nécessitaient d'accepter une démarche de résilience afin de se projeter sur de nouveaux projets. Selon son expression, dite avec une réserve contenue, il commençait à émerger. Marc ne se présentait plus comme cet homme vaillant, athlétique, fonceur. Il semblait déprimer malgré sa force de caractère.

Son monde vacilla au moment du choc avec la horde de suidés. À son réveil, il questionna son avenir professionnel, cette double relation, sa vie de couple. Il se répétait qu'il n'avait plus les moyens de gérer ce silence. Il avait peur de la rencontre imprévue, inévitable. Fallait-il une autre épreuve pour affronter un réel ?

Alité à l'hôpital, ses deux femmes venaient le voir selon la disponibilité des emplois du temps. Un soir, Romane et Amandine rentrèrent dans la chambre en manifestant une belle énergie. Le face-à-face avec Louise, sa femme, arrivée depuis quelques minutes, l'inquiéta au point de vivre une profonde solitude. Les présentations furent solennelles. Louise, l'épouse. Romane, amie et collègue médecin accompagnée de sa fille Amandine. Dès son entrée, la gamine se précipita, serra son cou, l'embrassa avec assurance. Heureusement, elle lut en silence un livre.

Durant cette mise en scène des dupes, les quelques banalités de la rencontre durèrent peu de temps. Ces facilités ne remirent pas en cause l'intégrité de Marc. Pour autant, ses douleurs se démultiplièrent. Son stress engendra quelques gouttes de sueur. Il les dissimula au mieux. Il prétexta la chaleur dégagée dans la chambre. Un autre instant délicat se présenta. Romane prétexta la nécessité de se préparer pour assurer sa garde de nuit. Au moment de l'au revoir, Amandine dit, Bonne nuit Papa. Marc et Louise en rirent. Cette petite fille clamait un lapsus. La porte se referma. Un autre cauchemar amplifia son mal-être.

À la deuxième visite, tout aussi inopportune, Amandine confirma de manière plus voyante sa proximité avec Marc. Elle prit tout l'espace. La répétition du mot papa sonnait la sincérité. Cette petite fille ne réprimait plus ses émotions, ses élans, ses sentiments. Elle provoqua l'étonnement de Louise. La spontanéité d'Amandine contrastait avec la délicatesse des adultes présents. Tout était clair. L'évidence se confondait avec l'ambiance amusée de cette petite fille. L'abattement fut soudain.

Ce schéma intersubjectif me rappelle l'instant avec Lola. Louise, moi, nous découvrions, à la vitesse de la lumière, la sidération, l'insupportable, la trahison. Les vérités étaient différentes. Les déliquescences se ressemblaient.

Romane reprit très vite sa place de médecin. Elle invita Louise à quitter le plateau de la dramaturgie. Elle avait l'habitude de faire des annonces liées aux diagnostics délicats. Elle raconta sans détours l'histoire de cette aventure. Elle reposait avant tout sur une compréhension, une complicité professionnelle. Elle accentua sa responsabilité au vu de ce caché qu'elle avait tenu à mettre à distance par rapport à son plus proche environnement familial. Elle précisa que Marc aimait sincèrement Louise. Il ne tenait pas à rompre avec elle. Elle insista sur la situation. Demeurant diminué physiquement, l'écoute, le soutien, l'accompagnement devaient être les attitudes nécessaires pour l'accompagner à se projeter vers l'avenir. Elle la pria de ne pas tout bouleverser sous l'effet des émotions.

Marc géra au mieux sa situation thérapeutique durant l'hospitalisation et la rééducation. Avec le temps, chacun apprit à se positionner, à respecter l'autre. Je crus entendre l'idéal d'une pénitence. Le protocole se présentait trop beau. Romane aurait pu éviter la venue de sa fille. Au contraire, Amandine libéra le silence.

Sa vie bascula dans un autre temps. Dorénavant, il apprenait à vivre seul dans un appartement adapté à son handicap tout en gardant des liens forts avec les deux familles. J'entraperçus une tristesse dans les yeux de marc. Je compris assez vite la raison de sa venue. Au-delà de ma colère, du discours tenu le jour de mon effondrement, il vit ma mélancolie, mon désarroi. Dorénavant, il ressentait la sienne, le sien. Un ami peut-être ! Un compagnon certainement. Nos écoutes respectives nous permettaient d'interroger les souffrances et les craintes liées à un secret autant tu que dévoilé.

Hélène pensait à Jacques. Son épouse décéda inopinément d'une infection bactérienne aux poumons. Homme engagé dans la vie publique, son rythme quotidien supposait une certaine force morale et physique. Malgré les sollicitudes de sa fonction, la solitude le pourchassait dans sa vie privée. Une sensibilité se cachait derrière l'homme extraverti. Sa corpulence, sa voix posée embellissaient son aura. Ce bel homme l'aborda, comme le ferait un homme séducteur, presque trop sûr de lui. Il provoqua dangereusement sa situation de femme non libre. Il répéta les visites. Avenant, affable, souriant, poli, il recherchait le moment de tranquillité pour formuler une demande de conseil. Il usait de tous les prétextes pour s'approcher d'elle. Était-il un vrai lecteur ou un homme en quête d'une relation ?

Les sentiments naissants se lisaient sur les expressions de son visage. Le toucher, au moment de reprendre un ticket de caisse, invitait à la prise de conscience. Par peur d'une observation d'Antoine, elle s'arrangeait pour déposer le justificatif sur le comptoir. La gêne l'envahissait quand certaines clientes détournaient les regards. Que suspectaient-elles ? Pas indifférente, elle s'habituait à ces non-dits. Parfois, l'absence de la visite la chagrinait ou la rendait plus morose. Ces petits moments de la séduction étaient attendus comme un picotement de joie. La distance professionnelle demeura quand même le rempart pour sauvegarder le cœur de vie avec Antoine.

Un jour, ils se retrouvèrent, par hasard, côte à côte, dans une pharmacie.

Pourquoi répondit-elle favorablement à la proposition de boire un pot avec lui ? Ce n'était pas sans rappeler l'approche de Benjamin. La tentation ne s'était-elle pas prolongée, presque immédiatement, dans un bar, à une terrasse ? Cet homme était connu par sa fonction d'élu. Elle prenait le risque du « Qu'en-dira-t-on ? ». Ce contact indécis où sa main vint se poser sur la sienne fut loin d'une surprise. Ces circonstances où seule l'amitié s'affichait aux yeux des autres se répétèrent en catimini. Le profond de son regard en disait long sur les intentions. Le désir entourait les tasses de café. Il enveloppait la fumée montante. Elle trompa Antoine. Peu de fois.

Comme sa mère, les regrets n'étaient pas de mise après la tentation. Elle se vivait femme dans ces instants. Malgré tout, ses ambitions étaient ailleurs. Les rencontres stoppèrent quand les circonstances le décidèrent. Il ne vint plus à la librairie. Deux ans plus tard, au décès d'Antoine, il assista aux obsèques compte tenu de l'obligation de la représentation d'un mandaté. Sa présence à la cérémonie suscita le rappel de l'expérience. Cheveux grisonnants, toujours élégant, le regard de bonté à son égard ; elle ne fut pas insensible à son charme vieillissant. Ce jour-là, son cœur ne devait surtout pas faillir. Le lien agréable d'un autrefois, même si cet écart d'amant et amante fût bref, percuta le recueillement.

Son prénom, Hélène, trop souvent cité, suscitait à nouveau une contrariété. Trop perçue comme la sauveuse, sa responsabilité à accepter ce positionnement particulier la gênait, l'ennuyait de plus en plus. Quel fut son bénéfice secondaire ?

Au-delà des dits sur elle, était-ce uniquement un effet d'écriture de la part d'Antoine ? Lui fallait-elle un subterfuge pour se rassurer, se dédouaner du nouveau qui arrivait dans son emploi du temps ?

Jacques avait repris contact assez vite. Elle sentait poindre un horizon prometteur. Quitter Antoine, elle n'avait pas l'audace de provoquer l'évidence comme le fit Amandine. Il n'aurait pas supporté de se retrouver à nouveau seul. Était-elle enchaînée à une peur ?

Les premières paroles entendues, entre empathie et fermeté, donnèrent une autre sonorité à cette pièce sans vie, à cette relation naissante avec les soignants. Le Dr Angelo se présenta comme le responsable de l'unité, accompagné par un des membres de son équipe ; l'interne Madame Briand Agathe. En introduction, les questions portèrent sur l'évaluation de la nuit, sur le pourquoi de mon hospitalisation. Je n'affirmai rien, uniquement le soupçon d'un rêve ou d'un cauchemar, un vrai chahut dans ma folie nocturne. Une chaleur soudaine dans mon corps amorça une nervosité au point que de me tordre les doigts sous la literie. Je tentai de masquer ce trouble. Mon entendement, ma raison vacillèrent sous l'effet houleux d'un esprit défaillant. J'accentuai les inspirations comme pour éloigner une peur intense, incontrôlée, perpétuelle. Je confirmai un moment particulier et désagréable durant ma léthargie. Plus tard dans la journée, j'eus l'audace d'exagérer mes dires avec Madame Briand. Je décidai délibérément de construire une présentation absurde. Ce n'était ni le bon verbe ni l'assurance du propos. Je subis un déferlement de phrases provenant d'un ailleurs.

Je demandai, par bêtise, le jour de la semaine. Je me hasardai à énumérer l'idée d'un malaise cardiaque ou une chute dans la rue ou une agression nocturne. Un éclair rappelant la sortie du livre – Silence – stoppa mon provoquant recensement. Ce titre m'intimait de me taire. Ce choc m'amena à fabuler la présence d'un exemplaire de l'ouvrage dans les mains des médecins. La condamnation médicale l'emporterait ainsi sur la notification juridique. Cette chimère m'épouvanta quelque peu.

Je goûtai quelques gouttes de sueur ruisselant le long de ma joue. Je me rassurai en reliant ma confusion avec les dernières perles de mes pleurs. La mise en vente du roman, un fait qui punit, déclencha ce mal-être. L'aveu, ne pas être l'auteur, supposerait la présentation d'une triste dramaturgie, ou encore, déclencherait une petite mort à traverser pour le reste de mon vivant. L'agnostique, que j'aurais pu devenir, eût dû partir en toute hâte se confesser chez un prêtre. Inexorablement, je me détournai du bon chemin en théâtralisant les échanges comme l'habitude prise autrefois par Antoine enfant.

Les premières minutes de cette entrevue n'engageaient pas à tout dévoiler. La prise en charge des émotions allait contraindre ma parole. À la place de la confession, je pensai à la ruse, à la fabulation. Ma mère, professeur de français et de philosophie au lycée, comédienne dans une troupe de théâtre amateur, parlait du genre tragique dans le théâtre comique. L'emploi de stratagèmes, marqués par des intrigues de tromperie, de dévoilement, pouvait convenir à des fins égoïstement attendues. J'entendis parler d'Euripide, d'Aristophane, de Médée, d'Hélène, d'Oreste, d'Électre, d'Andromaque, de Créon, d'Ulysse et de bien d'autres. Ne sachant pas de quoi il était question, je m'amusai à les citer, à les chanter, supposant des prénoms qui occupaient l'univers de tous mes proches ; Augustin, Martha, Christophe, Edith, Eugène, Juan, Elisabeth, Steven, Marie, John, Pierre, Clara…

Plus tard, à la fac, je pris la mesure, par la lecture, par l'interprétation des textes, de l'enjeu du vrai et du faux, de la dissimulation, du pur mensonge semblable à une vérité mis en scène par tous ces protagonistes. À toutes les époques de l'humanité, les dieux et les hommes s'en amusent et éclairent le monde de leur duperie. La tragédie ne débouche-t-elle pas sur la mort et la déchéance des protagonistes ? Œdipe fut pris dans un enchaînement d'actes qui lui échappait.

Qu'était mon destin ? Ma mère m'appelait parfois – Petit rusé –. Elle ne paraissait pas gobe-mouche de mes ambiguïtés enfantines. Comme influencé par tous ces dires, sans me rendre compte de mon incapacité à tromper dans certaines circonstances, je tentais d'instrumentaliser toute situation qui se présentait en ma défaveur. Les autres invités, les inattendus des rencontres amicales, ne hurlaient-ils pas à la ruse, citant l'occupation journalière des dieux et des déesses grecs ! Tout était ruse ! Tout était illusion ! Selon eux, Socrate disait que le plus habile est celui qui sait que pour faire croire le faux, il faut être capable de masquer le vrai.

Pour moi, les éclats de rire suffisaient à ma compréhension, à ma joie d'être au monde. Témoin de l'agora intérieure ; la salle à manger, je m'accommodai de mes représentations. Héra avait un visage de vache. Athéna, un visage de chouette. Plus tard, l'acuité de mon intelligence permit de comprendre le passage de ces êtres divins : dieux ou héros qui meurent, qui ressuscitent, qui pleurent, qui souffrent, ils devenaient des divinités à formes humaines. L''animal sert à définir une qualité ; l'aigle de Zeus, symbole de vitalité et de puissance ; la chouette d'Athéna détentrice du don de clairvoyance.

Enfant, comme tout le clan, j'adorais changer les dialogues. Je donnais des versions différentes. Je modifiais le cours des choses. J'adhérais au club des créateurs des impromptus. Charles ne comprit pas toujours ces bifurcations, tout comme ma sœur Caro. Une absence d'imagination accentuait chez elle une rationalité lui venant probablement de l'éducation des grands-parents paternels. Eugène, grand-père maternel, ancien instituteur, féru de la philosophie grecque, vécût sous le même toit pendant une année. Il me raconta le Zeus ; le vainqueur des Titans et des Géants. Il simplifia le récit d'Homère et Hésiode créant la Théogonie des Grecs. J'étais impressionné par les pouvoirs des uns et des autres. Les alliances impossibles, les sacrifices, les déchirements me coupaient le souffle. J'adorais. Mon copain Charles acceptait ces détours, ces rôles distribués à la communauté de la forteresse, malgré les pleurs qui justifiaient ses pertes de repères. Il obéissait comme un bon petit soldat. À l'époque, ces jeux d'enfants s'annonçaient sans importance.

Dans cette position, ma prudence devenait primordiale. Allais-je réussir le scoop ? Et quel scoop d'ailleurs ? Je devais dissocier mes émotions et mon imaginaire. Je me sentis fébrile, nerveux, anxieux.

Lundi quinze septembre. Depuis le samedi, milieu de l'après-midi, je séjournais dans l'unité de soin psychiatrique. En guise de premier contact, le docteur m'informa du comportement inapproprié lors d'une réception qui m'honorait somme toute. La sortie du livre était accompagnée d'un enthousiasme de la part des premiers lecteurs. Un article de la presse locale louait l'écrivain débutant. Étrangement, l'article argumentait plus les succès de mon non-père. J'étais vexé.

À mon arrivée dans le service des urgences psychiatriques, très excité, agressif, insolent, une certaine dose de sédatifs m'avait été administrée. Il me gardait quelques jours en observation, dans l'attente d'un retour à la normale. Ils s'accordaient quelques minutes pour faire connaissance. Ils me retrouveraient de temps à autre selon l'évolution de la situation. Au cours de l'après-midi, Madame Agathe allait revenir s'entretenir avec moi. Tels furent les déclarations du médecin, Monsieur Angelo.

Je feignis d'ignorer la sortie de ce fameux bouquin. Je reprécisai mon activité de bouquiniste. C'était l'histoire de la transmission de mon père. Je détaillai le legs du paternel. Les œuvres de Sainte-Beuve, de Michelet, de Flaubert, de Proust, de Chateaubriand, de Racine, de Plutarque, et autres grands auteurs composaient ma bibliothèque personnelle. Pouffant de rire, j'affirmai ne pas être fou pour un sou, tout en précisant l'utilisation d'une expression employée autrefois. L'idée de me faire hospitaliser se justifiait par un comportement inapproprié. De quoi parlaient-ils ? Je me permis de signifier une petite erreur de civilité de la part du docteur, disant Madame Agathe au lieu de Madame Briand.

Je devais me recentrer. En annonçant la vérité, j'allais me libérer de la culpabilité. Jamais trop tard ! Au contraire, une tension mentale me dépassa sans que je puisse agir. Incontrôlable, imprévue, elle gagna du terrain. En quelques secondes, l'enfant Antoine inventait, comme souvent, une histoire décalée. L'idée de la révélation fut oubliée aussi vite que le passage d'une étoile filante, moi ignorant de faire un vœu. D'autres contrariétés m'envahissaient depuis quelques semaines. Pourquoi dire la vérité alors que mes proches m'avaient généreusement menti ?

Ce métier, je l'exerce encore. Hélène acheta la boutique mise en vente à la suite du succès d'Augustin. Elle poursuit cette activité avec beaucoup de courage, de réussite, de reconnaissance. Le hasard nous conduisit à nous rencontrer le jour de l'enterrement. La mort, le cimetière, le destin se conjuguent comme pour annoncer l'inouï des croisements inattendus. À la mort de ma mère, une information a priori entendue sans la certitude de l'avoir bien comprise et assimilée. À la mort de mon père, ma vie, changée du tout au tout, oublieux, quelque temps, d'un mystère, pas encore éclairé. Elle devint mon épouse, mon mentor, après ces années passées à vivre aux crochets d'Augustin.

Nous nous mariâmes l'année suivante. La quarantaine tous les deux, sans enfant. Le monde des livres allait enchanter notre journalier, non sans oublier parfois notre statut de commerçant. Très vite, je m'empressai de reprendre les taches liées à la logistique, au rangement. J'avalai des pages de livre. Je recensai tous les commentaires pour devenir le meilleur conseil, à l'image de mon père qui recevait tous les remerciements de la clientèle. Loin d'avoir une attitude commerciale, je mobilise, parfois trop, le temps des clients. Les mercis, plutôt discrets, s'accompagnent de sourires circonstanciés, sans les éclats de rire.

L'identification à un statut de libraire suffit à mon tintouin. Sans m'en rendre compte, je reproduis l'espoir d'Augustin.

Ce séjour m'inquiétait. Je devais sortir au plus vite. Que penserait mon non-père, lui si subtil pour élaborer des plans, toujours en sa faveur, avec la bonne humeur, un tempérant de feu comme il était dit de Socrate, avec si nécessaire la complicité de l'inexactitude ? Ma colère montait en puissance. Je la ressentais. Mon corps brûlant et la pression des tempes allaient me forcer à me mettre debout pour éviter le cri primal. Ce bouillonnement me déstabilisa au point de remarquer les tremblements de mes membres.

Habituellement, je favorise les messages d'espoir. Je distille le dialogue. Je m'étonne du comment viennent les idées. Parfois, je me confronte à mon propre isolement. Loin d'être capable « d'accoucher les esprits », *les conversations avec les clients provoquent le plus souvent l'entente amicale. La joute, j'abandonne au plus vite. Là, je perdais pied. Je me noyais.*

La feinte, uniquement pour détourner des paroles vraies, allait, dans cette situation, aggraver la situation d'un pari solitaire. L'idée subite de la perte du contrôle vint me solliciter au point de fermer les yeux, par peur de cette projection. Les émotions, des petits diables, me jouaient un tour de dernière minute. L'angoisse revenait comme un ressac qui se fracasse sur les rochers lors d'une tempête en pleine mer déchaînée. Je supposais une conscience surmoïque, culpabilisante, moralisatrice, censeure. La fatigue me chagrinait depuis quelque temps. Je le reconnaissais. Les discours du monde, en cours de changement selon mes inquiétudes, coupaient mes élans favorables à la nostalgie. Ils violaient mon enfance. Un revirement en tristesse me plongeait dans un pessimisme crépusculaire. Mes références devenaient des ailes en perdition comme celles des oiseaux devenus fous à la suite des chocs électriques. Je ressassais les années de la crédulité. Nietzsche flashait dans ma pensée. Je pensais à la dépression nerveuse, à la possibilité de sombrer comme lui dans l'aliénation mentale. J'allais casser, malgré moi, un pacte de stabilité d'une petite vingtaine d'années de vie partagée avec Hélène. Je devais me ressaisir au plus vite. Je n'en avais pas la force.

Mon attitude, au Carré d'As, fut rappelée sans animosité. Je m'enhardis de proposer l'amalgame avec quelqu'un d'autre. Je pensais soudainement au succès de mon non-père connu sous le nom d'Augustin Le Corre. Ils devaient vérifier le registre, et me laisser sortir au plus vite. M'asseyant nerveusement, je mis les pieds à terre. Je déclamais un bref discours. J'affirmais être libre. Je vivais dans une démocratie, en décadence il est vrai, à l'image de celle d'Athènes en son temps. Je rappelais le procès de Socrate. Moi aussi, je n'accepterais jamais la ciguë. Je partais en vrille. Je m'égarais. J'osais aller jusqu'à suggérer que le personnel m'avait très certainement administré du LSD.

Que venait faire Socrate dans mes propos ? Un retour en arrière devenait quasi impossible. Autrefois, Charles trépignait aux moindres bouleversements de la règle du jeu. Je poursuivais mon idée avec une certaine jubilation. Je flirtais avec ce pouvoir où l'imaginaire, la maîtrise de l'autre se combinaient pour en définir ma propre liberté d'écriture et d'interprétation. Là, je conversais avec le Dr Angelo. Je jouais avec le feu de la folie.

Au fil de mes lectures, j'interroge le sens et le non-sens, l'honnêteté et le déloyal, l'incontesté et le fictif, l'équilibre et le déséquilibre, la foi et la raison, la norme et la transgression. Cela demeure un travail de la pensée, non une prise de risque qui consiste à me fourvoyer dans la dualité des opinions.

J'indiquais ironiquement mon identité : Léo Vivaldi, un peu plus de soixante ans, marié, sans progéniture, un enfant de la poésie. Je vis ma vie, à l'image et selon la transmission de mon père, de ma mère, comme une « évidence poétique ». J'accentuais en les interpellant, sans honte,

— Qui a dit cela déjà ?

— Aimez-vous la poésie ?

Léo Vivaldi, nom d'auteur ou sobriquet ! J'avais pensé au musicien, à son œuvre, – Les quatre saisons –, *entendue des milliers de fois. Pourquoi interpellais-je la doctoresse ? Faisais-je preuve d'insolence ? Étais-je animé d'un esprit de domination ? Dans ma relation aux femmes, personne ne peut s'autoriser à me traiter de macho. Hélène confirmerait au contraire ma gentillesse, mon obéissance, mon partage des tâches. Elle cacherait les sauts d'énervements, les amusements avec la divagation. Je m'égare de temps en temps pour faire croire à une nouvelle forme d'humour.*

Ils indiquèrent calmement que je citais mon pseudo. Le dossier médical indiquait Antoine Le Corre. Je ne pus m'empêcher de demander le prénom du docteur Angelo. J'entendis Pietro. Instinctivement, il me vint cette tirade :

« Ah, petit caillou, homme déterminé et honnête, intéressant ! Vous savez, tout le monde fait des erreurs d'écriture, même dans les services d'enregistrement des naissances. Imaginez, une lettre en moins ou en plus dans votre nom, vous n'avez plus le nom de votre père. Cette vie moderne est stressante. Les gens trichent le plus souvent dans leurs actes quotidiens, même à leurs proches. Avez-vous une idée de la place du mensonge chez les gens que vous aimez, que vous vénérez, pour qui vous votez ? Ils mentent comme des arracheurs de dents, encore une vieille expression du langage populaire. De nos jours, il ne faut faire confiance à personne ; fausses nouvelles, comploteurs, moralistes, pensées uniques, déconstruction des codes, voyants de la fin du monde. Pour autant, vivre comme un sage, loin d'un monde déchiré et toujours en compétition, attiré par la guerre, est aussi une épreuve. Qu'en pensez-vous ? Qui accouche la vertu ou de la vertu ? La rhétorique, art de bien parler, est là pour faire croire quelque chose à quelqu'un. Le monde des idées et des concepts prend le dessus sur le ressenti, sur le mouvement. Elle s'enseigne assez tôt, tous croient en leur pouvoir de persuasion. Là, vous vous trompez de client ou de patient selon votre terminologie. Moi, je ne crois qu'aux histoires de roman. Bien entendu, tout est faux, mais, vous en conviendrez, une part de vérité s'illustre chez les personnages. Le narrateur, l'auteur, tous s'entremêlent dans le récit. Voyez-vous, comme en politique, comme parfois en justice, retenons la vérité des effets, non celle des faits. Les faits se perdent dans la mémoire. Les faits ne sont pas l'essentiel, seule l'impression que vous en donnez est importante. Les effets colorient les émotions. Qu'en pensez-vous ? Vous écrivez ? Vous me faites marcher. Et vous Agathe ! »

Je provoquais le Dr Angelo. Je trichais à nouveau, je mentais encore. Pour autant, cette entourloupe me procura un contentement. Je pensais à une écriture parlée. Encore un beau thème de discussion avec Hélène, bien avant les propos de Lola sur ma mère qui elle en vantait la force. Sans énervement particulier, le psychiatre indiqua que j'avais probablement raison sur la manière de voir l'être humain.

Eux étaient des médecins, imprégnés de la science encadrée par la rigueur, par les protocoles, par la démonstration. Il faisait confiance aux données pour croire à l'idée que Monsieur Antoine Le Corre était là, présent devant eux. Ils ne souhaitaient pas me mécontenter. Cette discussion allait se poursuivre plus tard, lors de l'entretien avec sa consœur, dernier propos du docteur avant de me tendre un verre d'eau et deux cachets à avaler.

Le calme revenu, cet échange m'avait étrangement distrait, non sans éprouver une certaine crainte. Avec Augustin, Martha, Christophe et les autres, le déraisonné était une promenade de l'imaginaire collectif. Acteurs de l'improvisation, les textes de l'étrange devenaient des pauses pour s'affranchir du pilori. Bien entendu, eux, ils reprenaient leur esprit sans le moindre doute sur leur santé mentale. À tort, peut-être ! Là, sans aucune maîtrise, la pensée m'engageait à tenir une posture surprenante, voire stupéfiante. Le caché, la supercherie, la double personnalité, la manipulation, les faussetés de la vie ! Je déprimais à nouveau. Je perdais encore plus pied. Les bribes de conversation, le rabâchage, les onomatopées rappelaient le monde de l'absurde.

Martha avait joué des centaines de fois, – En attendant Godo – de Brecht. J'entendis parler de Vladimir, d'Estragon, de Pozzo, de Lucky. À l'époque, j'aimais le prénom Lucky. Je compris, enfant, un clown sadique existait en moi. Mon attitude avec Charles le confirmait. Les photos des représentations accrochées aux murs d'une partie du salon affichaient l'ennui, l'attente, l'insignifiance de la condition humaine. J'aimais le format noir et blanc des clichés. Ma mère ressemblait à un homme, et pour cause.

J'ai le souvenir d'avoir entendu une théorie du groupe de la Croix Verte. Selon les argumentations qui me sont restées, le nom était une fiction sociale établie par les aïeuls pour inscrire une généalogie afin de se différencier les uns des autres. Elle donnait un sens à une vie en groupe. Elle encensait le bien vivre ensemble en rappelant les normes de la morale et de l'éthique.

Le gamin, avait-il vraiment compris ces énoncés qui fusaient comme tel dans l'hémicycle chargé des envolées lyriques ? Je ne sacralisais pas encore le style de la langue. Je ne supposais pas le poids du langage. J'ignorais l'importance de la parole juste. J'ironisais l'interprétation des mots. Je confondais la sensorialité et l'intelligible. Je sous-estimais les malentendus des silences. Les humeurs provoquées par les bains de sonorités de tout à chacun engendrèrent une grande méprise.

L'idée de changer de nom et de prénom, au gré de mon humeur, avait cet avantage de m'affirmer dans la peau de personnages. Inventer une autre analogie, même l'instant d'une rencontre, c'était dans mon esprit écrire une fiction.

Qui allait devenir ou être fou ? Charles refusait de transformer sa carte d'identité. Pour ce garçon, anxieux, discipliné, cette démence du jeu lui renvoyait une perte de parenté. Unité, cohérence, appartenance constituaient des sentiments certifiant certainement son entité. Il en restait à l'areu des bébés.

J'interroge ma soixantaine, ma propre vieillesse, ma mort sournoise, mon enfermement dans l'hier. Pour autant, je ne dois pas oublier l'amour, la sincérité d'Hélène. Est-ce suffisant pour me protéger des fluctuations de mes fantaisies ? Un pas vers la tristesse ou au contraire une avancée vers l'euphorie.

Un toc-toc me rendit la lucidité pour dire, Entrez. Agathe, en personne, même regard, même crayon à la main, même calepin, rentra en répétant le bonjour du matin. J'observai sa démarche. Elle se rapprocha calmement. Je l'imaginais prendre des notes cliniques pour échanger avec ses pairs. Elle amorçait l'écriture d'un livre en consignant dans ses archives l'histoire d'un supposé écrivain. Mais non, elle alla directement au but, sans plus d'amabilité, sans plus de compassion. Je crus qu'elle était pressée. Je supposais une timidité. Je pensais à l'arrogance de l'experte. Selon mon opinion, cette jeune femme devait surtout affirmer son statut de psy en adoptant un positionnement où le sérieux garantit le devenir de l'autre, conforte la sérénité de son état psychique. Je décidai de la tester sur sa capacité à entendre l'absurde. Je le crus tout du moins. Jusqu'où accepterait-elle mon discours sans y mettre trop vite un jugement qui justifierait un manque de recul, voire une certaine incompétence de débutante ? Je naviguais entre l'attitude prétentieuse et la décompensation psychique.

Elle me proposa de parler de ce rêve particulier. Je devais exprimer tout ce qui venait à mon esprit sans me censurer. Quelle aubaine ! Sans attendre, je la questionnai sur son attitude. Écoutait-elle ou écrivait-elle ? Je précisai la nuance, sans me priver d'une formule d'humour ou d'ironie, Agathe, bonté et gentillesse, qu'en pensez-vous ? Elle m'enregistra.

Voilà ! Je me figurais, dans un semblant de pièce, sans les cloisons qui auraient pu envelopper ma sécurité. La couleur blanche s'offrait à ma vue comme pour la rendre à l'image d'une chambre mortuaire. Je paraissais allongé ou assis selon un bon vouloir extérieur à ma conscience ; sensation inconnue de mon corps, je me retrouvais en apesanteur. Peut-être étais-je un mort-vivant ! C'était totalement idiot, inconfortable à vivre. Mes repères vacillaient à la moindre image surréaliste, se profilant au rythme d'un temps indéfinissable. Je recherchais une pendule rassurante pour me situer dans le temps de la nuit ou du jour. Des aiguilles tournicotaient comme un vol d'oiseaux, manœuvrant des allers et retours avant de décider de partir en vol groupé vers une destination connue. Elles se déformaient pour n'être plus que deux flèches s'arrêtant sur cinq heures. Des réflexions me venaient à l'esprit comme celle-ci et bien d'autres ; pourquoi quinze heures ? Où suis-je ? Mon corps, je ne le voyais pas. Je ne le ressentais pas. Et si je n'étais plus qu'un esprit ou un revenant !

Elle rappela mon arrivée à quinze heures.

Ah, drôle de coïncidence, c'est le hasard, ne vous en déplaise ! Une inquiétante étrangeté m'envahissait au point de m'entendre appeler ma mère partie au ciel depuis bien des années. La sonorité et les syllabes dessinant maman jaillissaient d'une voie remplie d'étoiles scintillantes, là au-dessus de moi. Je me rappelle répéter : mais où suis-je ? Je suis seul. J'étais las aussi. La présence et l'absence se confondaient à l'exemple du passage d'un fantôme, le cerveau brouillé et fourbe, mon regard fixe vers ce qui semblait être un écran à fond blanc. C'était moi et pas moi, enfermé dans une capsule d'astronaute, emprisonné dans un caisson en verre. Vous savez Mademoiselle, depuis des années, ma crainte est de devenir un cinglé. Et vous, cela ne vous arrive jamais de frôler la perte de repères, comme partir sur un coup de tête, casser tout à la moindre contrariété, devenir l'assassin de votre voisin de palier. Attendez la fin de mon histoire pour me répondre. Soudain, mes bras s'étirèrent vers un objet identifié comme un clavier suspendu qui s'amuserait à mimer des notes. Un pianiste absent, sans main ! C'était étonnant ! Je n'étais pas musicien. Et pourquoi cet objet était-il si haut, toujours en balancement ? Mes longs doigts s'étiraient afin de prendre contact avec les touches. Je percevais une anxiété, et paradoxalement, une envie de les frapper avec énergie. Je ne le pouvais pas. Une force m'empêchait de les massacrer. Et pourtant, la colère me titillait, mais pas de mots, aucun geste.

Elle m'interpella sur le mot colère.

Oui, et alors ! Laissez-moi poursuivre. Comme un fait exprès, une voix, ni homme ni femme, que j'interprétai comme celle de Dieu ou de Zeus, clama moqueusement mon statut d'écrivain de merde. Musicien, écrivain ! Tout annonçait le faux. Aussitôt, je découvrais, surprise aidante ; mon ordinateur parlait tout seul. L'ensorceleuse poursuivit, sans scrupule, de manière agressive, à la limite de l'expression d'une haine, le tout pour me détruire, en annonçant mon orgueil déplacé, sous-entendant le style d'un enfant de dix ans, l'imaginaire d'un psychorigide limité à la répétition du même. C'en était trop. Je voulais crier, pleurer, implorer. Impossible, un parchemin de lettres de l'alphabet sortait sans discontinuité de ma bouche. Des lettres d'une taille affolante, des phrases incompréhensibles s'affichaient en tournant autour de moi. Je pensais à un boa qui attire sa proie. Elles se collaient maintenant sur ce qui semblait être des vitres. Paysage ou signe de vie, rien n'existait. Un titre s'afficha dans le coin d'une lucarne ; LIVRE ou VIVRE. Parfois, je confondais les deux premières lettres. Bizarre, Léo, Vivendi, je me rappelais, j'étais content. Je pensais encore, donc j'existais.

Elle me bouleversa en indiquant que je citais mon nom d'auteur.

Non ! Mon nom ! Vous êtes têtue ! Mes lunettes s'envolèrent, la monture se transforma en aile d'oiseau. Je crus reconnaître un vautour ; yeux profonds, long cou, tête sans plume. L'ordinateur riait toujours. La bête allait l'agripper avec ses griffes pointues. Soudain, un virus fusa pour arrêter ce PC d'une nouvelle génération. Vautour et ordinateur se confondirent pour le meilleur et le pire. Je me réveillai en sueur ou, tout du moins, je le crus ainsi. Où était ma réalité ?

Elle me toucha en évoquant la place de ma réalité.

Vous êtes terrible. Vous êtes comme l'inconnu, sans nom et visage, qui était assis comme un invertébré dans un fauteuil transparent, derrière ou à côté, ou devant, qui répétait le mot réalité.

Elle m'apostropha sur le pourquoi de sa présence.

Cette présence invisible supposait que je réfléchisse au pourquoi de ce rêve biscornu que je visualisais avec cette idée fixe d'un statut d'écrivain de merde. Je n'en pense rien. A priori, ce probable professionnel devait certainement le savoir, comme vous actuellement. Pourquoi ne me donnait-il pas la solution, au moins me fournir un début de compréhension ? Au mieux, il aurait pu m'ôter cette inquiétude. Pourquoi la nuit, dans les ailleurs du réel, des personnages, connus ou non, me lancent dans la rue, dans le métro, dans mon lit : Tu te prends pour qui ? Pourquoi j'appelle si souvent ma mère, encore un foutu Œdipe mal assumé ? Ce n'est pas un baiser que je lui demande pour m'endormir, encore moins la lecture de François le Champi.

Vous savez, Proust ou oust apparut soudainement à l'écran. Je me souviens que cet auteur avait pu écrire son chef-d'œuvre à la suite de la mort de sa mère. Barthes avait écrit – La chambre claire –, quelque temps après le décès sa mère, femme importante dans sa vie. La mienne est morte violemment ; un cancer du sang. Elle me manque. Pas de chance, tout de même, comme Charles en son temps. Oust, bouge-toi ! Cet autre qui dormait, son Œdipe, qu'en connaissait-il ?

Des conneries tout cela. Et vous, vous y croyez ! J'admets que la pièce antique de Sophocle rappelle la grande aventure sensée être éprouvée par tous les humains à savoir des désirs inconscients de l'enfant éprouvés à l'égard de ses parents. Je n'arrêtais pas de ressentir de l'énervement. Je frôlais la folie, l'incompréhension de la situation m'angoissait. Je supposais un petit grain dans ma tête. Mes professeurs, mes quelques relations, mes rares amantes, m'accordaient peu d'avenir sauf de devenir un marginal. Ils devaient parler de ma tête, plus précisément de l'intérieur de ma tête. Avoir le chapeau en l'air comme un poète, c'est le bonheur. Être un poète, un aède grec, un barde celte. Et vous savez, l'autre, je l'entends dire : Tu plaisantes. Tu ne joues pas de la cithare. Tu ne chantes pas des épopées. Sois plus précis, annonces : « ... jouer avec la musicalité des mots... » Tu ne te prends pas pour Verlaine tout de même !

Elle me recentra sur l'idée d'être un écrivain de merde, et quel était mon point de vue ?

Vous êtes en télépathie avec lui ou quoi ? Tous les deux, vous insistez lourdement. Que voulait-il me faire comprendre ? Je pensais qu'il me proposait de dissocier écrivain et merde comme il est convenu de séparer l'œuvre de la psychobiographie de l'auteur. Je n'en savais rien au final. C'était évident, lui aussi était d'accord avec les autres. J'écrivais de la merde. Je me disais : admets-le, c'est simple ! Non, je ne veux pas, je ne peux pas. Et vous, les autres, qu'en pensez-vous ? La merde est partout : dans les chiottes, dans les caniveaux, dans les bus, dans la rue, dans le métro, dans la bouffe, à la télévision, chez moi, chez vous, chez mon psy, chez le Président, chez les Présidents, à l'église, à la synagogue, à la mosquée, dans mon lit, sur vos canapés, dans les journaux. Le monde est de la merde. Il crée et digère la merde. Je devais me renseigner sur Google pour connaître les tonnes de merde dans les poubelles sans oublier les décharges publiques, sans oublier les sauvages.

Ah, les sauvages ! Nous sommes tous des sauvages, des poubelles ambulantes. Je me lâche. Tu es un auteur connu et reconnu. Un fantasme, petit bonhomme. Tu n'écriras jamais de telles inepties. Ton image, réfléchis un peu ! Et pourquoi penses-tu à une telle ignominie ? C'est ingrat et irrespectueux. Demain, je signe des centaines d'autographes dans la plus grande librairie de Paris ou de Bourges. Peu importe le lieu ! Un peu de respect pour les lecteurs. Recentre-toi. C'est de toi qu'il te faut lui parler. Tu en es bien conscient tout de même. Horreur de l'autobiographie, voilà qui je suis, honte à ma personne. Pas de la littérature en parlant de son petit pipi. Qu'en sais-tu au fait ? Rien, d'autres le confirment dans des revues, dans des salons, chez le coiffeur, dans les livres, dans les émissions culturelles. Ils apparaissent affirmatifs, concernés, cultivés, toujours documentés, souriants de vérité, citant la phrase qui rend l'auteur incontournable. Et si c'était Monsieur untel qui le disait ! Tout le monde s'en foutrait. Moi, pourquoi pas ! Mais bordel, c'est quoi la littérature ? Pas maintenant s'il vous plaît. Mais qui me murmurait à l'oreille cette incitation à me taire ? C'était lui probablement. Peut-être un autre ! Mais tu es qui toi pour tout décider ou penser à ma place ? Je devrais lui dire de se taire, lui qui ne dit mot. Ah merde alors ! Pourquoi répètes-tu ce mot ? Mon bec s'en libérait comme un bonjour, un bonsoir ; ma formule de politesse.

Elle me signifia le mélange possible entre la réalité et le rêve, le présent et le fictif.

Laissez-moi finir. Je ne vous parle pas de la réalité. Il m'avait entendu. Il avait raison. J'arrêtais. Trop de puanteur, trop de rejet, trop de fatalité. Je m'inclinais. Je renonçais. Il voulait jouir de ma merde, trop facile. J'ai un souci anal ou quoi ! Mais dans quel monde suis-je ? Je ne suis pas sorti de mon rêve. Je suis peut-être à l'hôpital branché à une machine. Accidenté de la route, bouillie de ma cervelle suite au post-traumatique, expérience du troisième millénaire sur la capacité de mon cerveau, devenir la référence de l'expérimentation, overdose d'un joint, tabac et opium mal digéré. Réveille-toi. Le lieu demeure blanc. Je confonds les fils du PC avec ceux d'un branchement à un respirateur afin de vivre artificiellement. Le coma ! Ah le blanc ! Blanc, qu'en dire ! Il devinait ou quoi ! Il me provoquait. Je ne comprenais pas. La page du dico s'affichait sur un pupitre qui venait de nulle part. Paix et pureté, virginité, simplicité, innocence, les anges, personnalité rêveuse et originale, éblouissement, c'est vous Léo. J'y croyais. J'imaginais le renouveau de mon existence, une nouvelle fidélité à ma vie, le champ de la spiritualité à la porte de ma créativité. Renaître, un autre en devenir. La feuille se retourna comme si le souffle du vent avait obéi à la ruse d'une gorgone, monstre des enfers. Ah Méduse, est-ce toi l'infâme qui me poursuit ! Pourquoi m'asséner à nouveau ces défauts ? Volonté d'avoir raison, orgueilleux, manipulateur, autosatisfaction, méprisant, timide, introverti. Pourquoi cette formule en gras, page blanche, manque de contenu, c'est vous Vivendi. Arrêtez ! Mensonge ou imposture, ai-je crié ! Je me suis réveillé, assis sur ce lit, paniqué. Je suis retombé sur le matelas, et encore dodo.

Elle m'interrogea sur mon récit en citant ces mots ; rêve, cauchemar, ou autre chose.

Votre demande est délicate. Le rêve sous-entend l'expression d'un accomplissement de souhait. Le cauchemar est un rêve angoissant, ce qui était, semble-t-il, le cas. Ma vie semblait en danger dans toutes ces illusions. Je crois aux illusions, notre âme s'en amuse, que cherchons-nous à fuir ou que n'osons-nous pas avouer ?

Elle pointa avec perspicacité ce que je redoutais le plus en concluant : fuir ou ne pas avouer, nous reprendrons demain.

J'avais construit une narration comme le déroulement d'un rêve éveillé. Je fus surpris par l'intensité de mon plaisir. Je jubilais. Je ne sous-estimais pas l'exagération du contenu. Ce flot de paroles sortait de ma bouche. Je construisais une impro. Je crus un instant que je déraillais. Elle m'avait peu interrompu, me laissant libre cours. Pour autant, le « autre chose » me dérangea, me déstabilisa. Ce rêve trop détaillé, trop long, trop chargé d'émotions, d'affects masquait un manque de franchise. Me croyait-elle ? Avait-elle identifié un jeu de rôle ? Les situations rappelaient le corps morcelé, la psychose. Elle écoutait un délirant. Je recherchais dans la fiction ma vérité. La fatigue s'amplifia.

J'entendis cette voix connue, douce, aimée qui se manifesta dès l'ouverture de la porte. Ses doigts se posèrent tendrement sur ma main droite. Elle avait l'art et la manière de me détendre. Elle était inspirée par la pratique régulière du massage. Hélène, mon Hécate, ma protectrice depuis des années, maintient avec amour notre quotidien. Lors des obsèques de mon père, au moment des sympathies dans le cimetière, une image de beauté, à l'exemple d'Aphrodite sortant des eaux, vint me surprendre, me toucher au plus profond. Un coup de foudre réciproque naissait, oubliant les allées des tombes, délaissant les inscriptions familiales sur les tombeaux. Elle me prit dans ses bras pour annoncer ses condoléances. Je ressentis ce corps comme le marqueur d'un élan d'amour, de lâcher-prise. La clarté d'un jour nouveau effaça mon dernier regard désabusé sur cet homme que j'hésitais toujours à nommer mon père. Je fus frappé du sceau de la confiance. Sorti du champ du repos, là où mes deux parents résidaient pour un long temps, le chagrin se délita au profit de l'espoir. L'instant, plus tardif, avec Edmond, l'homme témoin de l'orphelinat, vint légèrement contrecarrer le magique. Toutefois, il n'était plus question d'approfondir des histoires d'enfants. Le choix fut instantané. Hélène, reconnue, encore une étrangère, se présentait comme la priorité de ma vie. Avais-je besoin de m'illusionner à nouveau ? Devais-je croire en quelqu'un ?

Quelques jours plus tard, prétextant l'achat d'un livre, j'entrai dans la boutique qui rappelait l'un de mes espaces témoins. Mes pas, alertes, décidés, reconnaissaient tous les recoins du plancher. Ils m'incitaient à la curiosité, aux mouvements, à la promesse à venir. Le premier regard me la montra souriante, rassurée. Il m'intima sans le dire, de reprendre ma place, celle que j'aimais le plus, celle qu'elle avait observée à chacune de ses quelques entrées au moment de l'achat du commerce. La disposition des éclairages marquait une différence au niveau de l'accueil. Les étals dégageaient l'envie d'acheter, de rester, de conclure. Elle inscrivait sa personnalité dans ce lieu. Je me sentis renaître, peut-être avec trop d'enthousiasme.

Le poids de mon père ne résidait plus dans cet espace qui m'avait aussi protégé. L'utopie de l'enfance se libérait d'un faux semblant afin de s'inscrire dans une réalité digne des possibles. Une autre histoire naissait à la minute même, inspirée par un don de soi, sans l'aventure des leurres. Je l'espérais au plus profond de moi. Et ce fut ainsi. Je reconstruisais un repaire, pour un reste de vie. Chaque jour allait se vivre à nouveau au contact des auteurs, des lecteurs, des clients. Sans enfants, nous nous allions nous réconforter avec le plaisir précaire ou emporté du texte.

Je n'ouvris pas les yeux, trop sollicité par l'image qu'elle imaginait probablement de moi. Dès que ses pas retentirent dans le couloir, la fébrilité m'envahit au point de me retourner vers le côté opposé à la porte d'entrée. La chaise placée ainsi dans mon dos servirait de support à la confidence ou à la critique. Cette posture permettait d'inverser les rôles. J'écoutais Hélène, bercé par le monologue que je reproduis ci-dessous avec la largesse de mon écoute ébranlée. Je refusais tout échange durant cette première visite. La honte m'empêchait de l'accueillir.

Antoine, je suis là, près de toi. Ta belle âme ! Raconte-moi quelque chose. Je suis ta pénélope qui t'attend pour toujours. Que s'est-il passé ? Tu as insulté tout le monde. À un moment, j'ai cru que tu jouais le rôle de l'un des personnages du livre. Tu sais, ce personnage hirsute, haut en couleur et irrespectueux des autres qui ne peut pas se retenir d'être odieux avec toute personne rencontrée dans les salons d'une nouvelle bourgeoisie matérialiste et fan du high-tech. Certains riaient de bon cœur au départ. Tu paraissais enjoué, dynamique, allant d'un côté à l'autre de l'estrade, levant les bras, pointant du doigt le premier rang. Quelques lecteurs, quelques relations communes, des anonymes de passage, un journaliste inconnu étaient venus te rendre un hommage. Tu faisais l'éloge du trucage en questionnant la sincérité de l'être humain.

Tu déclamais que chacun, face à la gloire, joue le jeu du dindon de la farce. Au fur et à mesure, ta liesse s'est transformée en une fureur indescriptible. Tu faisais peur à tous, surtout à moi. Je ne savais plus si c'était Antoine ou Léo, ton pseudo, qui perdait la raison. La salle s'est vidée de ses présents, de plus en plus désemparés, inquiets pour eux, gênés pour toi. Tu as frappé le Président du groupe de lecture. « Foutaise ! » Ton dernier cri avant de tomber au sol.

Les médecins pensent que tu traverses une perte de repères ou que tu as subi un traumatisme qui entraîne une agitation émotionnelle et dépressive. Pourquoi cela arrive-t-il au moment de la sortie de ce maudit bouquin ? Quelque chose m'échappe. Ton père était devenu un auteur connu, trop vite décédé. Mais toi, tu ne m'as jamais parlé de ton désir d'écrire. Nous échangeons régulièrement sur nos lectures, sur l'écriture. J'ai découvert trop tardivement ton intention d'éditer ce manuscrit. Tu avais déjà signé ce contrat d'auteur, non d'éditeur, sans m'en référer. Je ne t'ai jamais posé la question. Qui l'a écrit selon toi ? Ton père, toi ou quelqu'un d'autre ! Qu'en penses-tu ?

Eh bien, tu vois, ce manuscrit m'avait été remis par un ami, plus exactement par un être très cher, connu depuis ma plus tendre enfance, quelques jours avant son départ dans le monde de l'éternité. Cet homme, un poète discret, était inconnu du grand public. Je t'en avais parlé au début de notre rencontre sans te faire part de ce document que tu as trouvé, je le suppose, dans les archives. Tu as oublié ma confidence ou peut-être as-tu pensé que c'était l'œuvre de ton père ou plus précisément celle de ta mère !

J'ai compris ta rancœur, tes envolées sur le trucage, sur la gloire, sur le jeu de dupe. Tu n'as jamais cru ton père. Pour toi, seule ta mère possédait ce talent de l'écriture. Mais pourquoi, après tant d'années de vie commune, as-tu pris cette décision ? Par chance, personne n'est au courant de ce manuscrit. Pierre m'avait dit de le publier à titre posthume, si je le désirais. Je n'ai jamais eu le courage de l'envoyer au collectif auquel il appartenait, dissous aujourd'hui, ou à un quelconque professionnel de l'édition. J'avais oublié ce roman, son premier. Il écrivait de la poésie, des essais. Ses livres étaient distribués de manière confidentielle dans des librairies spécialisées.

Il citait sans rappeler l'auteur : « l'homme, sans une part de poésie, demeurait l'infirme des malentendus, des silences, des humeurs des hasards ». J'aime la tienne au quotidien. Tu l'as égarée, me semble-t-il ! À la lecture du livre, j'ai compris ton imposture. Tu gardes le silence pour l'instant. Nous en reparlerons la prochaine fois. Tu conserves toute ma confiance. Repose-toi bien. À demain.

Hélène se souvenait très bien de cet instant au cimetière où les pas de chacun tintinnabulaient sur les graviers des allées. Lors de la solennité, la luminosité du jour contrastait avec la tristesse de certains présents. Au contraire, elle étincelait les vêtements des plus joyeux. Parfois, elle valorisait les lunettes de soleil des plus timides. Lors de la célébration civile, elle reconnut l'homme du bateau. Elle se souvint de son élocution particulière. Elle l'avait rencontré avant cette traversée de la méditerranée. Quelle coïncidence ! La résonance des quelques échanges entre le père et le fils, avant de signer l'acte de vente, l'avait touchée comme l'est parfois la rencontre avec un acteur dont la voix remplit l'espace d'un dialogue, et on se souviendra pour toujours.

Quelques années déjà ! La vie avance sans cesse aux détours des chemins parfois sinueux, au cheminement des ruelles ombragées, aux éclaboussures des chutes d'eau, aux gerçures des moindres froids, aux ensoleillements brûlants. Son vécu différait de celui d'Antoine. Ce regard, un face à face de quelques secondes, affirmait son soutien à l'épreuve de la séparation, au fatal de la vie. Cet enlacement, corps à corps, correspondait à une décision irréfléchie. Elle garantissait uniquement la proposition d'un lâcher-prise. Ses premiers pas suggéraient les signes d'un geste empathique. Cette disposition se vivait comme une onde chaleureuse, bien avant un coup de foudre.

Elle repensait aux premières visites d'Antoine à la librairie. Son plaisir à être là repoussait ses hésitations à quitter le lieu transformé et demeuré familier pour autant. Progressivement, elle ressentit une affection qui l'autorisait à engager une relation plus soutenue. Cette sensibilité se consolidait en l'entendant parler les mots, prononcer les phrases, détailler les contenus. Elle ne suspectait pas les instabilités.

Fut-elle toujours attirée par les timbres de voix, les harmonies qui marquent une clarté d'expression, un calme dans la prononciation ? Benjamin, Jacques, des tons graves et posés, des tessitures d'homme avec des cœurs d'enfants. Antoine, le rendu différenciait de celui de ces hommes mûrs. Une nervosité se dégageait dans le vibrato.

Restée trop longtemps seule, son âge l'incitait à expérimenter une vie à deux. L'attente d'une protection sentimentale, plus encore, la contrainte d'une alliance maternelle se manifestèrent rapidement. Antoine montrait tous les signes de la peur de l'absence, de l'adoration inconditionnelle, du questionnement du vrai. C'était à la fois rassurant au niveau de la fidélité de cet homme, et perturbant au niveau de son devoir, de ses choix de vie au cas où.

Elle s'amusait de cette manière d'écrire un petit dialogue censé être prononcé par elle. Elle se découvrait, à la fois, personnage et photo d'elle-même, comme une douce schizophrénie à être. Étrangement, elle se lisait comme si elle se regardait dans un miroir déformé. Elle se sentait l'élue messagère et l'étrangère héroïne. Antoine lui attribuait-il le rôle d'un personnage, au profit de son plaisir de l'écriture ?

L'écrit reprend-il la réalité, la vérité d'un moment, d'une situation, d'une expression, d'un regard, d'un sentiment ? Les réminiscences permettaient-elles à Antoine de s'affranchir de l'ordre du temps comme le supposait Proust ? Il embellissait, selon le bon ou le mauvais, l'univers, les scénarios, les impressions, les aléas de la vie.

Le jour de la visite à la clinique, elle resta relativement silencieuse. Elle parla de Pierre, du tapuscrit volé par Antoine.

Elle rencontra, pendant quelques minutes, Madame Briand. La doctoresse confirma l'entretien agité de la vieille. Antoine accusait l'influence de son relâchement psychique. L'auteur de merde prenait une place considérable dans son délire. Toutefois, elle n'était pas dupe de son exagération verbale, du contenu de ses propos. En soi, c'était rassurant. La doctoresse soupçonnait l'émergence d'un trouble borderline, d'un fond dépressif. Hélène ne dit rien au sujet de la sortie de ce livre. Elle fut presque rassurée.

Pierre, elle le connaissait depuis sa petite enfance. Voisin de palier, solitaire, fonctionnaire à la bibliothèque municipale, il vivait ses temps personnels comme un reclus de la société. Elle crut longtemps que cette vie effacée indiquait une rupture avec un passé. En réalité, c'était un homme vivant le monde avec toute la discrétion d'un être sensible et attentionné. Sa mère l'invitait presque tous les dimanches à partager le repas du midi, parfois ceux du soir. Une amitié se développa, au fil des années, avec toutes les raisons de durer. Elle la gamine, elle l'aimait comme un membre de la famille, pour ainsi dire comme un père. Ce personnage lui racontait des histoires. Il veillait sur elle durant les absences de sa mère. Alicia et Pierre avaient le même âge. Ils vieillirent tous les deux au même rythme, au même étage, fixant leurs vies avec des centres d'intérêt différents.

Alicia, atteinte de la maladie d'Alzheimer, dut quitter son appartement pour finir sa retraite dans un lieu adapté. Pour Pierre, l'absence devint un désarroi. La fin des habitudes, l'acceptation du regard du corps vieilli, la mise en mémoire des sentiments éprouvés et tus le plus souvent chahutaient son quotidien. La solitude intervenait insidieusement dans l'ambiance de sa vie. Quelque chose ou quelqu'un lui échappait.

Un jour, elle rendit une visite de courtoisie. Avant de repartir, au moment de la bise, il dit : *attends*. Il se dirigea assez maladroitement vers le petit bureau, à côté de sa chambre. Il le déclara comme son antre réservé à l'écriture de son univers poétique. Elle l'apprenait, croyant plus à une plaisanterie. À son retour, elle aperçut une grosse enveloppe kraft dans sa main gauche. Son bras présentait les signes d'un tremblement. Il la donna avec une insistance proche d'un énervement. Elle crut entendre la déclaration agitée d'une fin de quelque chose. Il formula des recommandations, pas toutes audibles, tout en l'accompagnant lentement vers la porte.

Elle fut surprise, trop émue. La sortie de l'appartement fut trop rapide pour comprendre, pour réagir, pour demander le pourquoi. Au dernier regard, dans l'entrebâillement de la porte, elle vit la mort dans les yeux de Pierre. Une fois dans l'ascenseur, les boutons affichaient sa tristesse. Elle pensa à la chanson de Léo Ferré où il chante : Avec le temps, va, tout s'en va. Elle n'oubliait jamais les visages, les voix, les souvenirs, la tendresse, les passions. Elle ne sentait jamais flouée par les années perdues. Avec le temps, elle aimait toujours.

Quelques heures plus tard, elle ouvrit l'enveloppe. Elle tenait un roman.

Elle fut malmenée par des moments d'étonnement, de fierté, de gêne, de regret. Elle découvrait un auteur. Au sein de la librairie où elle travaillait comme responsable du rayon littérature et poésie, et plus tard à son propre compte, promouvoir les anonymes suffisait à son bonheur. Pierre, son voisin, leur ami ; elle ignorait le troubadour. Les traces de la nostalgie, l'idée de la culpabilité duraient encore.

L'envie de pleurer déclencha une ambiguïté particulière. Elle s'autorisait à percevoir une certaine joie liée au plaisir de découvrir une belle narration. Elle combattait un malaise. Que faire d'une demande qui n'en était pas réellement une ? Cette délicatesse, cette confiance, ce don la travailla comme si elle perdait un père ignoré. Elle le revit une seule fois. L'au revoir se transforma en un adieu. Elle quittait définitivement le lieu de son enfance. Ses dernières paroles tentèrent d'exprimer la fermeté du propos avec la fragilité des derniers souffles. Elles se résumèrent à : *C'est comme ça, ma fille.* Pierre mourut de sa belle mort peu de temps après.

De manière officielle, Pierre l'avait désigné légataire universel de son œuvre. Il s'avéra que les lecteurs avertis, même au-delà des frontières, étaient nombreux. Les recueils étaient publiés en plusieurs langues. La lecture d'un courrier officiel confirma cette renommée et son statut d'héritière.

Et Alicia, qu'en savait-elle ! Que pouvait signifier cette affirmation : *C'est comme ça, ma fille* ?

Homme simple, physique banal, discrétion garantie. Ce n'était pas une injure de le présenter ainsi. Sa modestie le rendait tel à la vue de tous. Depuis son enfance, son affinité obéissait aux idées qu'elle se faisait de lui. À l'exemple d'Antoine, elle se rendait compte des liens persistants entretenus ou pensés avec l'irréalité des autres. Elle pensa, regardant toutes ces femmes, qu'elle s'attachait probablement trop au réel de l'instant. *Et si nous nous trompions tous !*

Ce proche accentuait toutes les caractéristiques d'un homme conservateur. Son allure restait dans l'ombre de sa mémoire. Le reflet d'un hypothétique fantôme la ressuscitait. Sa légitimité, pour le mettre en avant, s'éroda au fil du temps. Publier son manuscrit la forçait à parler de lui. Que dire ? L'insuffisance de ses propos sur l'homme, sur le poète, sur l'écrivain la contraignit à attendre trop longtemps. La première œuvre romanesque d'un innommé sommeillait sous les poussières. Cette pensée la contraria tout en percevant la rudesse d'une lame du banc.

Antoine, compte tenu de cet emballement irréfléchi, mit en acte un fantasme ultime. Le manuscrit retrouvé, sur une pile de documents, dans la réserve, ne pouvait pas mieux tomber. Il poursuivait une idée fixe ou flairait un mensonge à la vue des pages dactylographiées. Antoine ne discernait plus, par un manque de prudence, ce qui était bon pour lui et les autres, en l'occurrence pour elle.

Triste, agacée, désemparée, honteuse, elle cherchait toujours le qualificatif le plus approprié à crier à Antoine. Pierre était déshonoré. Lui avait-elle manqué de respect ? Allait-elle payer un jour ce manquement ?

Au cinquième jour de l'hospitalisation, aux heures des visites, Marc et Hélène arrivèrent en même temps. Était-ce une rencontre fortuite ? Non. Elle avait informé Marc de l'impasse qu'elle considérait comme non insurmontable. Deux complices affichaient l'envie de partager un bon moment avec moi malgré la vue de mon humeur maussade.

Marc offrait cette impression de jongler avec son fauteuil roulant, le faisant tournicoter comme un toréro seul dans une arène. Le sourire d'Hélène semblait vouloir m'extraire de mon ensablement. Cette concertation supposait un projet bien précis. Ils voulaient m'aider. L'effet des anxiolytiques agissait sur mon dynamisme. J'étais englué dans mes contradictions, mes interrogations, mes peurs.

Ce fut Marc le premier à ouvrir le bal des consultations. Comme un bon philosophe, il rappela qu'aux tous petits, les grands leur apprennent que le mensonge est mauvais. La vérité est juste. Il nuança en citant Nietzsche qui indiquait que la vérité est aussi « un type d'erreur ». La vérité serait une apparence au même titre qu'une œuvre d'art « sans laquelle une espèce d'êtres vivants ne saurait vivre ». Il finit avec Socrate pour qui la vérité n'est pas innée, elle doit être acquise. Je fus intéressé par l'idée de la discussion sur ces concepts, agacé par la morale sous-entendue, critique dans mon for intérieur.

Que voulait-il me faire comprendre à cet instant ? Lui-même, n'avait-il pas menti délibérément à ses proches ? Mon monde familial ne m'avait-il pas menti outrageusement ? Je sentais que je n'allais pas supporter ce moment d'instruction civique. La léthargie de mon corps contrastait avec le bouillonnement de mon cerveau, l'encombrement de la bouche pâteuse.

Moi, je n'avais pas menti. J'avais pété les plombs. J'avais pris une décision mortifère. De plus, je m'étais fourvoyé toute ma vie. Augustin n'était pas mon père, mais un vrai écrivain. J'étais le fils de Christophe qui m'ignorait en qualité de père. Ma mère n'était pas l'exemple de tendresse, de sécurité que je lui accordais puérilement. Je n'avais jamais soupçonné un seul instant mon erreur d'appréciation sur l'auteur du roman édité par mes soins. Pour moi, c'était l'œuvre de ma mère, non Pierre, personne chère à Hélène. Mais qui étais-je ? Je me sentais totalement désorganisé, perdu.

Hélène ressentit très vite mon énervement qui allait m'entraîner vers le pire du désordre mental. Elle conclut, sans le débat philosophique, en disant que je devais sortir de mon enfermement en reconnaissant tout simplement une décision inappropriée. Éditer le livre d'un inconnu, pensant qu'il était l'écriture de ma mère ou de mon père, n'était pas un mensonge, mais une revanche sur ma vie. C'était avant tout une erreur d'appréciation basée sur des malentendus, sur une altération de ma conscience. Ma réaction émotionnelle s'était manifestée à la hauteur des mensonges des autres, plus précisément à leur négligence, à leur silence, peut-être à leur égoïsme ou pourquoi pas à leur immaturité.

Marc s'excusa de sa maladresse au vu de son entrée en matière. Le mensonge, le secret, il le payait cher. Il avait dissimulé ce qui n'était plus une incartade amoureuse. Son implication dans l'autre lieu familial, Romane et Amandine, était réservée à des moments où professionnellement il libérait des espaces. Il s'était laissé emporter par les événements, faisant confiance aux principes de Romane, peut-être trop. Il existait comme père pour Amandine. Il se vivait père d'Amandine. Ces sangliers avaient en quelque sorte détruit les plantations de son jardin personnel. Ils l'avaient contraint à prendre un autre itinéraire, balisé, irréversible, comme un prix à payer, ou peut-être comme une nouvelle voie qui interroge le sens d'une singularité.

Étrangement, ces deux enfants acceptaient l'arrivée de cette nouvelle sœur. Pour Louise, l'aveu demeura plus délicat à dépasser. Elle se confrontait aux regards des autres, et plus encore, à celui de ses parents vieillissants. Ils considéraient Marc comme un goujat à exclure de la famille. Il méritait ce châtiment. Elle confia qu'elle n'était pas non plus irréprochable. Louise vivait aussi des moments intimes avec un autre homme. Il lui fut difficile d'annoncer que celui-ci était un collègue de Marc.

Aux vues de ces confidences surgissant dans le confessionnal sans le grillage, mise en scène d'une thérapie groupale, j'interpellais Marc, le proustien, en lui rappelant que le narrateur déclarait que chacun ment toute sa vie. Ce fut comme un soulagement pour tous, manifesté par une rigolade qui validerait que nul n'est menteur volontairement ou encore l'idée d'un mensonge à soi-même librement consenti. Je n'étais pas dans l'esprit de philosopher.

Je leur appris, comme piqué sur le vif, la vérité de ma généalogie familiale. Ma décision fut soudaine, incontrôlable, explosive. La vérité sortit de ma bouche comme un venin qui voulait atteindre la bonne santé de mes deux interlocuteurs présents. Il n'était plus question d'un livre, mais d'une dissimulation, d'une tromperie, d'un manque de respect de ces trois personnes qui avait projeté l'arrivée d'un enfant sans se soucier de son équilibre en grandissant. La vérité dite, j'aurais appris à accepter cette situation dès mon plus jeune âge. Est-ce vrai ? J'étais tellement en confiance avec ce groupe. Mon corps tressaillit pendant quelques secondes. J'en voulais au monde entier. L'isoloir se résumait en définitive à ma propre personne.

À cette seconde, chacun fut traversé par le mot père et ses signifiants. Hélène venait de comprendre ma détresse, ma perte de repère. Elle apprenait au cinquième jour de mon internement la réalité sur mes deux pères indifférents, sur ma mère dominatrice et ensorceleuse, sur le mutisme des autres. Elle m'avoua plus tard avoir eu à l'esprit l'image d'un barrage fissuré dès son origine, qui à chaque seconde risquait d'envahir la vallée en contrebas. Elle fut peinée. Marc perdit son enthousiasme. Il transféra probablement sur sa situation. La tristesse l'envahit.

Étrangement, un silence régna longtemps. Il détonait avec le bruit lointain d'un marteau piqueur qui insistait à creuser un sol récalcitrant ou à percer un mur en béton. Je me sentis abattu, comme vidé de toute substance qui m'aurait invité à la liberté. Les soubresauts de ma respiration n'autorisaient pas la sortie des larmes. Des pleurs auraient profité à la catharsis. J'avais peur d'un effondrement total. Je me retenais de ne pas bondir partout. Je repensais à la doctoresse, Madame Briand. J'avais presque envie de m'amuser avec la folie des mots. Marc et Hélène me tinrent les mains. Je m'endormis.

Le tumulte des anges laissait la place à un calme bienfaiteur. L'après-midi passait trop vite. Hélène pensa à l'écho du silence. Que dire d'un feu mal éteint qui couve depuis longtemps ? Une braise risque de s'enflammer au moindre courant d'air. Ces fantaisies venues d'ailleurs s'arrêtèrent à la lisière de l'entrée du parc. Un homme se dirigeait à grands pas dans sa direction. Jacques devait la rejoindre. Quelques pages bien connues, presque apprises par cœur, demeuraient à parcourir. Elle ressentit un soulagement sans en définir les causes. Son ami se déplaçait comme un homme pressé qui ne souhaite pas rater un rendez-vous. Souriant, déterminé, son arrivée proposait la fin de la lecture. Il le fallait maintenant.

Durant ce laps de temps, elle questionna la démarche d'Antoine.

Avait-il, volontairement ou poussé par une énergie le dépassant, décidé de se confronter à l'épreuve de l'écriture ? Souhaitait-il clore une histoire avec Augustin, Martha, Pierre ? Avait-il la prétention de se reconnaître lui-même comme auteur ? En raison d'héritages traumatiques, exprimait-il le besoin de témoigner aux personnes de confiance ? Ces garants d'une écoute l'aideraient à conquérir une nouvelle vie. Exprimait-il tout simplement une suffisance revancharde ? Trouvait-il, comme le proposait Jean d'Ormesson, dans ce monde du peu vraisemblable, du plaisir et de la hauteur de vue ?

Elle ne s'aventurera pas à porter un jugement trop hâtif. Elle optait pour son besoin d'humanisation. Il s'engageait dans un travail de la pensée. L'affect blessé servait certainement de support à sa sublimation. Que dire des quelques échanges où il certifiait que l'écriture adresse des significations multiples ? Elle signe la liberté. Sans la fiction, quelle réalité ? Il manque toujours quelque chose. Qui avait dit cela ? Ils débattaient. Ils hésitaient. Ils se chamaillaient.

Et si la vérité s'éloignait en pleine mer sur un radeau sans retour ! Le marin navigue en pleine mer où parfois Poséidon, l'ébranleur du sol, provoque les fantômes colériques. Le lien avec le travail de culture ne fut pas suffisant. Poséidon eut le pouvoir sur Antoine.

Jacques approchait lentement ; visage radieux, confiant, déterminé, il était heureux. Il brandissait deux billets pour participer à une croisière de quinze jours. Ils prévoyaient de découvrir les fjords en Norvège.

Plus proche d'elle, il l'invita à préparer ses valises.

« Départ dans un mois, juste après la signature de la vente de ta librairie. »

Elle rangea délicatement les dernières pages non lues dans son grand cabas.

Elle lui prit les mains.

— Merci Jacques.

Imprimé en Allemagne
Achevé d'imprimer en janvier 2024
Dépôt légal : janvier 2024

Pour

Le Lys Bleu Éditions
40, rue du Louvre
75001 Paris

www.ingramcontent.com/pod-product-compliance
Lightning Source LLC
Chambersburg PA
CBHW062344010826
49168CB00024B/254